U0152818

幻滅的美國夢

美國能再偉大？

引言

廖達琪（國立中山大學政治所榮譽教授）

　　2024是全世界的選舉年，據估計有超過60個國家，逾越全球40億人口要投票，包括印度、美國、印尼、巴基斯坦、巴西、俄羅斯等人口大國，也包括歐盟議會及歐洲一些主要國家，如英、法國，因意外解散國會，而提前舉行大選。這麼多國、多人口的選舉中，牽動世界最大，影響國際局勢最深的，仍屬重中之重的美國。畢竟她目前仍是接近獨一的霸權，她於11月要舉行的總統大選，自是為舉世所關切，尤其本次大選有些美國歷史上較少見的獨特性。

　　首先是民主黨的陣前換將。美國現任總統82歲的拜登，原已在民主黨初選，即取得領先地位，也志在必得的欲以民主黨總統提名人身分競選連任，但六月底的失敗辯論，七月中川普挺過槍擊的英雄形象，加上多方民調落後的數字說話，徹底摧毀拜登的連任意志，於七月底宣布退選，現任副總統賀錦麗，匆忙上陣，離十一月三日的投票日，已不到百日！這在美國歷史上，應是絕無僅有。

　　其次，主要政黨總統候選人由有色人種的女性出任。根據記載，美國歷史上第一次有女性出任總統候選人，係1972年的薇薇安・亨特（Vivien Hart），但她代表的是「美國社會主義者黨」，且她是白人，最後得票甚微，選舉人票則掛零。第二位就是2016年代表民主黨的希拉蕊・柯林頓（Hillary Clinton），她普選贏川普，但選舉人票輸，而錯失總統寶座，她雖被認為是主流政黨所提名的第一位女性總統候選人，但也是白人。目前2024年民主黨提名的賀錦麗，則是第一位有亞裔及非裔血統的女性總統候選人，且為主流政黨所推出，刷新美國的紀錄。

　　其三，美國兩大黨的正、副總統候選人，呈現左左對右右的搭配。因為總統選舉只能選出一組，美國又採相對多數，非絕對多數兩輪來決選，雖有選舉人團贏者全拿的間接產生程序，但學理上多認為正、副總統候選人的意識形態應是互補，來追求擴大選票；不過，前題條件是選民意見市場分佈以中間立場的為最多數，左或右派，尤其極端者均為少數；因此，較左派的總統候選人就會找立場較中間的副手為搭檔，右派亦然。但如果選民意見市場呈現兩極化，左左和右右配就會同時出現。而美國歷史上，這樣的案例並不多，最近的就是2020年，民主黨的拜登和賀錦麗，共和黨則是川普和彭斯（Mike Pence）。2024年的搭配，可說又複製了2020年的左右切割，也再一次反映出美國的極化社會。

其四，選舉競爭的激烈程度，可能再創高峰。2020年，左右對立態勢的競選，已創造了美國總統大選有史以來的競爭高峰。因為依投票選舉的理論，最能動員選民出來投票的，是一方面激發他們的熱情，另一方面強化他們的焦慮感，而通常左、右政治立場旗幟鮮明的候選人，最能刺激各自死忠支持者的投入，也能吸引對政治失望，一向不太投票的潛在支持者出來投票，因雙方都擔憂對方當選，推動自己最不願接受的政策，如槍枝管制的鬆與緊，墮胎合法的是與非，移民開放的寬與嚴，及同性婚姻的可與否等等，都呈現對立排他性，讓選民對誰當選非常在意而焦慮。

　　2020年的選舉結果，多少說明左右較明確的對立競爭下，對選民投票參與的激勵效果，因拜登獲得81,283,051票，成為美國歷史上得票第一的總統候選人；川普也不惶多讓，得74,223,975票，成為第二高。尤其投票率達66.8%，亦創下美國歷史新高。而今年（2024）再呈現左左右右分立競逐之局，依理論及實證經驗，選民應會熱烈參與，選戰亦會非常激烈，不排除雙方得票數及投票率均有再破紀錄之可能。

　　其五，這或是一場引起國際社會最焦慮的選舉。雖然，美國大選從來為世所矚目，但2024的這場選舉可能格外刺激不論是美國盟友、或對手的神經，因為共和黨候選人川普的不按牌理出牌，不講理念、只談利益的商人性格，「極限壓迫」（Maximum Pressure, 高姿態出招，不怕破裂的反覆談）的談判策略，及不能低估的當選機率。

　　美國立國二百餘年，在外交事務上雖有「孤立主義」的傳承，也就是強調專注內部事務，避免涉入外國衝突和戰爭；但自二次世界大戰以來（1945～），美國躍為世界的主要霸權國家，主導成立「聯合國」，積極介入國際事務，甚且被稱為是「國際警察」，國際社會也相當程度依賴美國來調解紛爭或資源協助，尤其軍事方面。而川普於2016年時，在外交政策上，就已顯現「孤立主義」的色彩，一當選即宣布退出TPP（Trans-Pacific Partnership），不再跟太平洋周遭盟國玩多邊的貿易遊戲，並奉行以己意為尊的單邊主義，對歐洲老盟友們也不客氣，質疑北約讓美國花錢太多，批評歐洲一些國家移民政策，抨擊歐洲對美貿易的不平衡，更直接退出「巴黎氣候協定」。

　　林林總總，已驚嚇了歐洲一回；直到2020年民主黨的拜登打敗川普，重回多邊主義，歐洲才喘了一口氣，也能回應拜登之呼籲，在美國的協助下，將北約活化，較團結的在俄烏戰中助烏抗俄。現川普已進階成2.0版，似比之前更老辣狠烈，仍高喊「美國優先」，對金援烏克蘭明顯不支持，一旦當選後，會如何行事？歐洲各國只有比之前更憂慮。

　　至於對手方面，川普將其「極限壓迫」談判策略最是發揮極致。2016年對中國、北韓等已造成極大壓力；此次，已喊出要加徵中國關稅至60%以上，再加上一樣強調經濟制裁，讓中國得了所謂「川普恐慌症」（Trump Phobia）。

　　台灣雖然看來是美國盟友，川普第一任當選時還接了當時總統蔡英文的致賀電話，但此次已放話，台灣應向美國交保護費，且宜達GDP的5%（目前3%），幾乎佔歲入的一半！台灣朝野目前對川普2.0版，應更是戒慎恐懼。

　　綜上，2024年的美國總統大選，應是影響最深遠，又非常有看頭的大戲。前面提出接近歷史空前的五大特色：陣前換將、有色女性擔綱、左左右右對立、競爭激烈、世界焦慮；只是浮光掠影的勾勒大選輪廓，很多實質的內容，及豐富的演繹脈絡，在本書「幻滅的美國夢」的四大章中或有所交待。對左、右立場各代表什麼、為何會演化成極化對立有好奇的，希家玹的「何為美國價值？如何理解這場跨越世紀的美國文化戰爭」，提供了相當深入系統的分析。
對移民政策何以成為這次大選的關鍵議題之一，以及
對為何「有色」加「女性」在美國參選總統，如此罕
見有興趣的，顧正禧及廖達琪的「美國總統大選移民
政策的糾葛：民族大熔爐的試煉」，爬梳了「移民」
在美國歷史發展過程中的演變及熔入的困難，應可為
一參考。對陣前換將，競爭激烈有心探究的，邱師儀
的「賀錦麗與川普的左右對決」，彙整前後過程及當
下態勢精要完整，值得一讀。對世界焦慮有負擔的，
黃奎博及陳奕帆的「內外牽制：美國國內政治左右外
交大局」，將候選人因國內要贏得選票的驅動力，與
其開展外交方略及手段的連動性做了說明，指引出各
國焦慮的可能源頭，亦是可紓壓的一道處方。

　　本書名為「幻滅的美國夢」，什麼是「美國夢」
呢？簡言之是想像美國是一個能提供均等機會，讓每
個移入者，只要努力就可成功，而呈現出非固化、可
流動的自由社會。這個想像仍然適合套用在今日的美
國社會嗎？還是已成昨日之夢？本書沒有提供直接答
案，各章中或都有些線索，留待讀者自由尋思玩味。

目次

賀錦麗與川普的左右對決

邱師儀（東海政治系教授）

東海大學政治系教授。從2009年即在東海任教，歷經助理教授、副教授。研究美國政治超過20年光陰，碩士與博士論文皆聚焦在美國個人主義的各種效應。進入教職之後將研究焦點放在國會端，分析台灣立法院與美國國會的議員發言。他的興趣是觀察每一場的美國選舉，並為華語讀者帶來第一手觀察。

簡 介

2024年的美國總統大選由背負大量官司在身的川普，美國國內有人討論如果他成功當選，可是又要面臨罪成入獄，是否這位總統需要於獄中統治國家。這名狂人揚要大幅提高徵收各國商品的關稅，也要削減美軍於北約的防衛力。很多人更擔心一旦他落選，隨時引發另一次國會山莊暴亂。

賀錦麗臨危援命頂替拜登，她於四年副總統生涯表現平平，一直給人印象模糊，於外交及內政主張鮮有明確的表述，令人懷疑她是否真正準備好擔任美國總統這大任。

一、背景

2016年川普在跌破全世界專家眼鏡的驚呼中當選，但2020年一場新冠肺炎讓川普的執政績效大打折扣，最後因而落選，落選後川普拒絕承認敗選，甚至被司法單位指控煽動川粉火攻國會山莊。2024年川普捲土重來，對上高齡已經82歲欲尋求連任的拜登，在六月第一場辯論會中，對於拜登來說是一場災難，他結結巴巴，眼神呆滯，回答問題也牛頭不對馬嘴，這一場辯論奠定了川普將在大選獲勝的基調，但劇情發展卻不是這麼簡單。

美東時間7月13日的下午6點11分，川普在賓州巴特勒城（Butler, Pennsylvania）的一場演講中的第六分鐘遭到槍擊，子彈擦過川普耳朵，這場槍擊案把川普的氣勢推至新高，卻也激起了拜登陣營的危機意識。就在一片勸退聲浪下，老態龍鍾的拜登終於在7月26日宣布不再競選連任，並且支持副總統賀錦麗代表民主黨參與大選。像拜登這樣並沒有犯下大錯但卻因為民調太低而不再投入連任選舉的總統並不多，廿世紀只有杜魯門與詹森兩位總統。而在川普副手確定為凡斯（JD Vance），與賀錦麗副手為沃茨（Tim Walz）之後，本來落後給川普的拜登民調，到了賀錦麗接班之後開始逆轉，賀錦麗在大部份的搖擺州都微幅領先，雖然第二場辯論會尚未到來，但這場大選已經不再是川普穩贏的局面。

二、川普的官司包袱

　　川普從2020年落選之後，並沒有從鎂光燈下消失，媒體有好一陣子都聚焦在川普的官司上，然而，這些官司並沒有消耗川粉對他的熱情，甚至認為這些官司都是腐敗的拜登政府對他的迫害。就在2023年八月，川普被控在2020年大選中敲詐勒索等相關罪名之後，他同意向喬治亞州的郡監獄自首，隨即被拍下嫌犯口卡照（mugshot），照片一流出馬上爆紅。這不但是美國首位卸任元首被拍下口卡照，更是川普再度參選的力道爆棚。由於當時川普正在參與共和黨總統初選，雖然他從一而終拒絕參與辯論，但根據當時NBC民調，川普從原本就領先第二名的狄桑特18%，到投案後拉大為25%，確立了川普在共和黨的王者地位。回顧川普官司有四大案：

六、拜下賀上

　　拜登決定退選了，並屬意賀錦麗接班，原本在程序上仍需經過8月19日起共四天在芝加哥舉行的民主黨黨代表大會上4,698張黨代表的決定才行，但後來民主黨中央為了延續賀錦麗接任之後的氣勢，以網路投票的權宜之計讓所有的黨代表可以先行「假投票」，以確認賀錦麗是否獲得至少過半選票支持（2,349黨代表票）。8月6日結果揭曉，賀錦麗獲得超過99%的黨代表支持，也就是說她代表民主黨參選總統大勢底定。只是在8月19日的黨代表大會上要再以唱名投票的方式確認一次，而這只是形式上的過水。由於賀錦麗接任拜登選總統的情況特殊，以網路投票進行假投票也前所未見，因此仍有一些民主黨支持者認為這樣就決定由賀錦麗來選十分草率，畢竟原本都是需要經過一場又一場的初選來決定的，不管如何就這樣定了。

　　以下說明過去曾發生過、有志於代表民主黨或共和黨參選總統者，若無法獲得過半黨代表票時，到了黨代表大會的處置方式。這些方式也是賀錦麗本來需要走的路，但後來卻被開了方便門。

❖ 協商式大會與爭議大會

　　第一種是協商式大會（broker convention），指黨代表大會在第一次投票時因為沒有候選人獲得過半票數而未能提名候選人。這時大會展開一連串由各州政治菁英所領導的複雜談判。這些精英可以是州長、參議員或主要城市的市長，然後藉由控制或說服其他代表來產生最後擁有過半票數的候選人。1952年在民主黨和共和黨都出現過協商式大會，當時分別提名了史蒂文森和艾森豪，兩個黨的兩位候選人都未能在第一次投票中獲得過半票數，他們的代表資格最後是被「喬出來」的。

❖ 第二種稱為爭議大會（contested convention）

　　這種在當代更為常見，指的是某一候選人表現良好，但不足以保證在第一次投票中獲勝；另一候選人試圖在第一次投票之前說服足夠多的其他代表放棄支持領先者，轉而支持自己。例子包括1976年共和黨大會上雷根與福特的爭議；1980年民主黨大會上參議員甘迺迪與卡特的爭議；以及2016年共和黨大會上反川的克魯茲（Ted Cruz）和川普的爭議。這三例最終獲勝者分別是福特、卡特和川普。

　　至於賀錦麗的背景，她出生於加州奧克蘭市，在舊金山成長，也曾搬到加拿大。母親是印度裔的留學生，父親則是牙買加的黑人，雖然父母後來離異，但賀錦麗與雙親關係都維持得不錯。賀錦麗的意識形態大抵上較左，並從其雙親在年輕時即反越戰就耳濡目染。同時賀錦麗也與母親在印度的親友保持聯繫，也造訪她們在印度的老家清奈（Chennai）多次。賀錦麗曾說，影響她形成道德觀最多的是她印度公務員退休的外公P.V.Gopalan。Gopalan教賀錦麗民主內涵，也要她倡議女權。

　　賀錦麗在1989年於加州大學舊金山法學院（University of California College of the Law, San Francisco）取得法學博士後，開始擔任舊金山地方檢察官，最後選上加州檢察總長。2016年11月，她贏得聯邦參議員席次，成為美國參議院第一位印度裔和第二位非裔女性參議員。民主黨換她上陣選總統之後，川普陣營花了不少力氣調整選戰基調與步調，畢竟前一個拜登相對好打，突然換了一個比自己年輕十八歲也伶牙俐齒的賀錦麗，川普在很多方面開始討不到便宜，所以川普拒絕與賀錦麗進行第二場辯論。賀錦麗揚言她看過很多像川普這種罪犯嘴臉的政治人物，強化了「檢察總長vs.罪犯」的對比。

　　至於川普陣營，則開始質疑賀錦麗的從政適格性，也質疑她能夠一路高升到檢察總長是否是「睡出來的」？這當中也扯出賀錦麗與前舊金山市長布朗（Willie Brown）的婚外情疑雲。類似的仇女攻勢不斷，例如川普在一場以非裔為主的記者會上，提到賀錦麗的官場順遂是否是來自於「多元、公平與共融」聘用政策（DEI, Diversity, Equity, inclusiveness），這種「靠關係」的聘用通常為共和黨人所不齒。川普在言談間也談到賀錦麗的種族背景，川普提到「認識賀錦麗以來，她一直宣稱她的印度裔背景，但突然又說自己是黑人，她到底是哪一種？」不管如何，川普在選戰中怎麼應對賀錦麗女性與有色人種的身份，將決定他對於中間選民是否還具有吸引力？或者他只是想要訴諸搖擺州的白人勞工選票？總之，賀錦麗在內政議題明顯左傾，不管是保障墮胎權、寬容非法移民、支持弱勢族群政策與反對槍枝氾濫等，其內政上的論述相較於外交政策是清楚許多的。

是隻字片語，也幾乎都是順著拜登路線。但這不代表如果賀當選後不會形成自己的世界觀與外交政策。

　　如果川普與凡斯所描述的賀錦麗是有史以來最左的總統候選人，是那種連老左派桑德斯在她面前都顯得中庸的候選人的話，則賀錦麗的外交觀可能「大幅留白」。為什麼呢？因為對於美國極左來說，外交不會是她們最關心的重點，內政才是。政治學論文研究極左派眾議員Squad次團，包括AOC、Omar、Pressley、Bush與Bowman等人，發現極左的政治人物與支持她們的選民，其實是很缺乏世界觀的，同時也不太有國際經驗。這一群極左關注的多是內政議題包括黑命貴（Black Lives Matter）、槍枝管制、全民健保、非法移民、墮胎、同婚等，外交議題頂多是她們對於內政關懷的延伸。例如新冠肺炎時，Squad議員會反對川普過度抗中（外交），是因為擔心會在美國國內引發排華風潮，傷及無辜的華裔美國人（內政）。又左翼在外交上的風格，也常與自身的生命經驗有關，以歐巴馬這個也是相對較左的總統為例，他因為幼時在印尼成長，父親又是肯亞人，因此他特別關心印尼的民主化，也在肯亞推動慈善活動。

　　從這些蛛絲馬跡來看，賀錦麗的外交政策可能由她的內政態度演化，比較具體的例子是近期以色列總理納坦雅胡訪美，他與拜登相談甚歡，但卻受到賀錦麗行禮如儀的冰冷對待，因為賀錦麗必須要回應前一陣子美國各大學學生聲援迦薩難民的激烈抗議。事實上，左翼從2001年九一一恐攻之後，對於穆斯林在美國國內被不當對待（如racial profiling）本來就很常出面抗議。

　　此外，稍早提及賀錦麗在印度的外公對她在女權、民主觀念上的潛移默化，大抵來說是展現在國內政治─不管在印度還是在美國─的價值觀。賀錦麗的印度尋根，有沒有可能因此產生賀錦麗如果當選後印太戰略的新論述？印太戰略本因川普政府而起，假想敵是中共，但有沒有可能賀錦麗會受有中國經驗的沃茨影響，因此緩和了美中衝突？或者賀錦麗會繼承拜登既成的「小院高牆」政策？事實上，2021年時賀錦麗曾在新加坡就南海議題譴責過中共；2022年在一艘停泊於日本海岸的軍艦上也支持過台灣軍事自衛以防範中共入侵。

　　再回到現在被川普與凡斯聚焦攻擊的邊境議題，賀錦麗在南方圍牆的政策上的確很左，甚至比拜登更左。賀錦麗擔任參議員時曾支持過築夢者法案（DREAM Act），民主黨人對於非法移民通常會稱她們到美國築夢。該法案給予非法移民短暫居留權，甚至有工作資格；如果築夢者中有未成年的孩子，美國會給予永久居留權。這是賀錦麗對於這個議題的初衷，雖然她擔任副總統之後由於必須妥協而一度對於邊境管制轉趨強硬，但也因為那些轉變付出不少代價，她在自由派選民間遭致不少罵名。例如2021年時她曾在瓜地馬拉演講要當地人不要非法進入美國，叫他們Do Not Come，還說只要來邊境就會被遣返。這在共和黨看來再正常不過、也應該勵行的言論，在有「世界關懷」的民主黨支持者耳裡聽起來卻是失言。同樣的，賀錦麗擔任加州檢察總長時也因為對於非裔的執法態度必須強硬而得罪原本支持她的左翼選民。這些都是執政之後不得不然的妥協與調整。

其他的國際議題賀錦麗曾說過的隻字片語，幾乎都是沿著拜登政府的說法。對於加薩，賀錦麗說「過去九個月在加薩發生的一切是一場災難」、「那些死去兒童的畫面，還有為了安全而逃離的飢餓加薩居民，他們好多是第二次、第三次甚至第四次被迫流離失所，面對這些悲劇，我不會沉默。」對於烏俄戰爭，賀錦麗稱普丁野蠻又泯滅人性，說她與拜登站在一起挺烏，但無法保證美國國會會堅定援烏。

　　在台灣人比較不熟悉的非洲議題上，賀錦麗在2023年花了一星期造訪迦納（Ghana）、坦尚尼亞（Tanzania）與尚比亞（Zambia），這一場出訪是為了要安撫非洲對美國只是想把非洲國家當成是抗中與抗俄棋子的抱怨。賀錦麗說「非洲的創新將塑造世界的未來」，事實上，賀錦麗當時去這三國的最大目的，是力阻非洲國家對於同性戀的迫害。賀錦麗再一次展現其對於內政議題或者說舉世價值可以怎樣反應在其外交作為之上。所以這樣的賀錦麗如果當選的話，除了有拜登的影子，更可能有裴洛西當年在六四天安門拉白布條抗議的樣子。這些都是左翼的外交思惟，只要不過度天馬行空與不食人間煙火，若能落實，對於台灣安全有一樣的防禦效果。

盟但不加入北約。川普想讓歐洲盟友清楚知道防禦歐洲不只是美國的事，防禦烏克蘭更是，歐洲也需要負責任。如果歐洲有心保衛烏克蘭，就應該接納烏克蘭入歐盟，並簡化繁瑣入盟程序。如果烏克蘭可以入歐盟，則此舉將給普丁發出強烈訊號，表明西方不會將烏克蘭讓給莫斯科，同時也帶給烏克蘭人希望。

❖ 伊朗

　　在伊朗的方面，川普團隊認為伊朗與中國與俄羅斯結成一個邪惡鐵三角。並且德黑蘭早已積累足夠的濃縮鈾，能在兩週內製造出一枚基礎核子武器。伊朗的代理人哈瑪斯不但在中東綁架美國人，也攻擊以色列。儘管如此，從歐巴馬到拜登，甚至到賀錦麗，都還是想恢復跟伊朗的談判。川普就是對伊朗實施最大施壓政策，並且要求歐洲國家一起制裁。甚至拉攏沙烏地阿拉伯和阿聯酋等重要夥伴一起聯合，這就是《亞伯拉罕協議》的精神。只可惜拜登上任後因為人權議題疏遠了沙烏地，因此讓制裁伊朗的力道大減。

結語

❖ 2025年後的美國政局

　　2025年後的美國政局，如果是川普落選、賀錦麗當選，則川普世代可望正式落幕。所謂的MAGA仍舊有賞味期，屬於美國鄉下白人的哀怨已經被川普旋風發洩的差不多了。賀錦麗上任會是美國一個新的向左走的開始，會有一點歐巴馬、拜登的味道，但更重要的是會有賀錦麗自己身為有色人種女性的風格，從內政到外交都是。另一方面，如果是川普當選，賀錦麗落選，則可以視為是美國的極化政治仍在發威中，川普將帶來那個美國極度中心、貿易掛勾政治與軍事利益攤開來講的政局下半場。但「當家的不鬧事」，川普如果選上，許多的作為仍舊會囿於國際結構的限制，譬如美國無法離開西歐盟友太遠，也無法靠中俄太近，又譬如川普再在乎貿易利益，美國還是有基本的外交傳統，貿易很難與政治完全切開。到頭來川普主義將不再是一個令世人完全摸不著頭緒的運作模式。不管大選結果美國將向左走還是向右走，美國民主將會有驚無險的再下一城。〔完〕

美國總統大選移民政策的糾葛：民族大鎔爐的試煉

顧正禧（美國丹佛大學國際關係碩士）

美國丹佛大學國際關係碩士（2022），現職丹佛市政府公務員。從小對公共事務感到好奇，開始探索政治，並因此打開對人道救援方面的興趣，目前工作也與非法移民及人道救援有關。

廖達琪（國立中山大學政治學研究所榮譽教授）

中山大學政治學研究所榮譽教授，1990年獲美國密西根大學政治學博士學位。長期致力於議會政治、憲政設計、認同問題、政治與資訊、大數據與選舉等研究及教學。曾擔任中山大學美國中心主任及台灣政治學會會長等。出版學術性中、英文書籍六本及文章近百篇。

簡 介

美國被稱為「民族大熔爐」，不斷有不同國家及大不種族的移民千方面計湧到美國，尋找「美國夢」，不同年代的移民也為美國的壯大付出很大貢獻。然而美國社會一直存在族種歧視的問題，在川普主義興起後，移民更要揹上白人失業及美國各經濟問題的黑鍋。

過去幾年，民主黨和共和黨為了移民政策，引發多個州翻臉。移民問題也成本屆美國總統大選最矚目的議題之一。

一、前言

　　美國，又被稱之為「民族大熔爐」，一個充滿多元文化的國家。它的人口組成中，移民人口就佔了美國總人口的百分之十五（包括合法與不合法移民），大約是五千一百六十萬人[1]；這也是全世界中擁有移民人口數量最高的國家。顯而易見，「民族大熔爐」的稱號不是一夜間得來的，然而在這個大熔爐中，人們彼此之間「融合」了嗎？

　　事實上，民族與文化之間的摩擦，一直存在美國社會裡，但也一直找不到解決辦法。因此，移民議題一直都是美國總統大選必定會討論的話題，但通常不會是中心話題，而這次的總統大選，移民議題卻躍升為高熱度話題。然而這不是偶然發生的，身為一個號稱民族熔爐的大國家，移民議題可以成為牽一髮，而動全身的國家難題。

---

[1]　https://cis.org/Report/ForeignBorn-Population-Grew-51-Million-Last-Two-Years#:~:text=The%20foreign%2Dborn%20or,year%20increase%20in%20American%20history.

二、歷史背景

　　歷史上，「民族熔爐」的理論是源於熔爐理論，以鑄造廠的熔爐來比喻，當兩個簡單的元素——鐵和碳，在熔爐中熔化在一起，會形成一種更堅固的金屬一鋼。因此在1782年，法裔美國移民J. Hector St. John de Crevecoeur寫道：「在美國，所有民族的個人都融入了一個新的人類種族，他們的勞動和子孫有一天將為世界帶來巨大的變化。」**2** 換句話說，「民族熔爐」強調的是各個民族會溶解自身民族特色，以創建一個新的民族。

　　19世紀時，拉爾夫‧沃爾多‧愛默生（Ralph Waldo Emerson）用大熔爐的形象來描述將英國人、德國人、愛爾蘭移民轉變為美國人的融合過程，並且他強調此融合過程是歸功於民主的體制。而在斯拉夫、猶太人和義大利移民的大浪潮中，以色列‧贊格威爾（Israel Zangwill）的戲劇《大熔爐》（The Melting Pot）之演出，讓「民族熔爐」的詞彙更是被廣泛認

2　https://www.populismstudies.org/Vocabulary/melting-pot/

知，因劇中形容美國是上帝所造的熔爐。然而看似如此正能量的詞彙，卻在美國的移民社會中是一種紛爭，因為美國對於「移民」的定義一直在變化[3]。

　　美國第一個移民潮是英國殖民時期。那時的移民分成非自願以及自願。非自願的移民包括罪犯和黑奴，而自願的移民就是以英格蘭人、蘇格蘭人、愛爾蘭人、法國人、荷蘭人、德國人和瑞典人等的混合而組成的[4]，統稱也就是白人。因此，那時移民的定義被限制在白人之內。所以在1790年，當美國在獨立後所建立的第一個「歸化法案Naturalization Act」，寫著：「any alien, being a free white person, could apply for citizenship, as long he or she lived in the United

---

[3]　https://www.hoover.org/research/melting-pots-and-salad-bowls#:~:text=The%20melting%20pot%20metaphor%20arose,Hector%20St.

[4]　https://www.cato.org/policy-analysis/brief-history-us-immigration-policy-colonial-period-present-day#forging-nation-1776-1830

States for at least two years, and in the state where the application was filed for at least a year」。「意即：任何外國人，並且作為自由的白人，都可以申請公民身份，只要他或她在美國居住至少兩年，並且在提交申請的州居住至少一年」[5] 在這種情況下，僕人、奴隸和大多數婦女沒有資格成為美國公民，因為僕人和奴隸不被視為「人」，他們被視為個人財產。此外，「白人」的框架也限制了其他種族被歸化的權利，例如非洲人和亞洲人。因此，1790年的《歸化法》不僅僅決定了成為美國公民的資格，Michael Omi和Howard Winant也說此次的實施是一種「種族政策」，並且其主要目標是「鎮壓和排斥」[6]。

　　直到美國的南北戰爭，為了增加軍事力量以贏得統一，亞伯拉罕・林肯於1862年發布了解放奴隸宣言，以

---

[5] Andrew Glass, U.S. enacts first immigration law, March 26, 1790, POLITICO, March 26, 2012, accessed October 15, 2019, https://www.politico.com/story/2012/03/the-united-states-enacts-first-immigration-law-074438

[6] Desmond King, Making Americans: Immigration, Race, and the Origins of the Diverse Democracy, p.24

增強他的軍事力量。並且在南北戰爭結束後，為了實質性地廢除奴隸制，林肯和共和黨制定了憲法第十三修正案，確保從此以後「美國境內不應有奴隸制或非自願的奴役。」[7] 此外，1868年，他們進一步批准了第十四修正案，賦予在美國出生或歸化的所有人（包括前奴隸）公民身份，並保證所有公民在法律上獲得平等的保護[8]。這兩項修正案標誌著美國歷史上的重大轉變，進一步賦予非白人更多的權利。但當時對於「歸化」的對象與要求卻沒有多加說明。因此，儘管在1860年代廢除了奴隸制，但對非白人的歧視並沒有就此結束。

　　西元1848年，美國加州發現了黃金，此重大消息立刻傳到四海八方。這對當時的中國人民無疑是大好消息，因為英國與中國發生的第一場鴉片戰爭（1839-1840），造成中國面臨嚴重的負債問題，人民也過得民不聊生，所以發現黃金的消息立刻引來中國人民大量移

---

[7]　Emancipation Proclamation, History.com, accessed October 24, 2019, https://www.history.com/topics/american-civil-war/emancipation-proclamation

[8]　14th Amendment, History.com, accessed October 24, 2019, https://www.history.com/topics/black-history/fourteenth-amendment

民到美國以趕上這個淘金潮[9]。然而看似如此美好的黃金夢，卻比想像中還難以達成，其中最大的難題就是移民問題。當華人來到美國時，他們大多是被迫長時間工作但工資低廉的勞工。與此同時，白人工人可以享受工時合理且薪水更高的待遇。但這種困境並沒有使華人工人氣餒，他們反而做了所有白人工人不願意做的工作，因此僱主更青睞華人工人，因為他們比白人工人更能勝任艱苦的工作，而且成本更低。這使得華人越來越受到僱主的關注，但同時也引起了白人工人的嫉妒，也形成對華人移民的種族敵意。因此造成華人處在美國資本家和白人工人之間的衝突點上——一方渴望僱傭華人工人，而一方則認為他們對自由勞動階級構成了威脅。因為白人男性勞工認為華人工人威脅到他們本已不穩定的勞工階級地位，再加上當時的美國社會還充斥著白人至上主義的氛圍，使得他們對華人勞工充滿了仇恨[10]。在這種情況下，政府於1882年實施了排華法案，該法案提供了對華人勞工移民的十年禁令。這是聯邦法律首次禁

---

[9] https://www.history.com/topics/19th-century/chinese-exclusion-act-1882

[10] Desmond King, Making Americans: Immigration, Race, and the Origins of the Diverse Democracy, p23

止一個族裔的工作群體入境。這也是美國第一次制定限制移民進入美國的重要法律。更重要的是，此次美國排斥華人的經歷刺激了後來針對其他「不受歡迎」群體的移民限制運動[11]。而該法案在1902年被延長，並在1904年被無限期延長。直到1943年，該法案才被廢除。促成這一廢除的兩個主要因素是：一是美國與中國在二戰中是盟友，二是當時對華人的怨恨已經平息[12]，但對華人的怨恨減少的原因，並不是白人接受了他們的存在。

不僅僅是中國人在當時是不被歡迎的群體，日本人也同樣受到了美國人的不公平對待。特別是當時，由於1922年小澤法案（Ozawa），最高法院裁定日本人因屬於非白人而沒有資格獲得美國公民身份，造成日本移民被排除在獲得美國公民身份之外。此外，日本人不被允許購買或擁有財產，對他們開放的職業也

---

[11] https://www.history.com/topics/19th-century/chinese-exclusion-act-1882

[12] 'Chinese Exclusion Act', Encyclopedia Britannica, accessed October 26, 2019, https://www.britannica.com/topic/Chinese-Exclusion-Act

受到限制[13]。而在第二次世界大戰期間，因日本和美國是敵人，導致其在美國社會的地位惡化，日本人比中國人受到更嚴重的歧視。所以當日本政府偷襲珍珠港後，美國陸軍部懷疑日裔美國人可能充當破壞分子或間諜，儘管缺乏確鑿的證據支持這一觀點[14]，但美國政府仍然將11萬日裔美國人關進了監獄拘留，殘酷地顯示了這些人在美國的劣等地位。

然而美國人的排外現象不僅限於種族，也出現在同種族但不同文化上。在美國獨立後的第一場大規模移民發生於1820到1860之間，主要的移民人群來自愛爾蘭人、德國人、還有猶太人[15]，而由於他們主要信奉羅馬天主教派，與美國當時被英國影響的文化有所差距，而引起嚴重的文化衝突。因此，美國第一個以反移民為

---

[13] Desmond King, Making Americans: Immigration, Race, and the Origins of the Diverse Democracy, p24

[14] 'Japanese American internment,' Encyclopedia Britannica, accessed October 15, 2019, https://www.britannica.com/event/Japanese-American-internment

[15] https://www.history.com/topics/immigration/immigration-united-states-timeline

主的政黨油然而生———一無所知政黨（Know Nothing Party），又被稱為美國人黨（American party）。由於當時大量移民的進入，再加上語言與文化的不同，「一無所知黨」的中心理念是充滿了民族主義，他們旨在保護美國本土出生的人。因此他們除了提倡驅逐移民罪犯，和主張需要二十一年的歸化過程等，以限制移民；也提出了強制性在學校讀聖經，以及禁止天主教出現在公部門，以塑造出美國人該有的形象要求。而大眾對於他們的理念非常支持，以致「一無所知政黨」一度成為美國第三大黨[16]。因此「一無所知政黨」的成立，不僅僅象徵了移民議題對美國政治的影響力，更是開始定義什麼是「美國人」。於是，「美國化」運動（Americanization）也悄然開始。

　　美國化運動雖旨在幫助移民適應美國文化，但它更像是一種政治宣傳與愛國政策。他們不僅僅深入教育層面，也深入私人領域以影響移民融入美國文化。事實上，「美國化」是一項激進的同化計劃，它

---

[16]　https://www.smithsonianmag.com/history/immigrants-conspiracies-and-secret-society-launched-american-nativism-180961915/

培養了單一文化的美國，作為衡量成功的標準。換句話說，這是一項旨在消除種族差異以創造民族認同同一性的政策。因此，《塑造美國人》（Making Americans）進一步解釋：「主導的價值、信仰和社會模式被認為是不可避免的或可取的；相反地，差異被妖魔化為低劣或無關緊要。」這種同化主義待遇常被描繪成「一個需要被父親時刻以警惕的目光來進行管教的孩子」[17]。簡單來說，「差異」被認為是一個調皮的孩子，需要名為「同化」的父母來教育，才能融入社會。而這項運動在第一次世界大戰更是來到了顛峰。尤其因為是東歐國家造成的戰爭，再加上當時散播著對社會主義和共產主義的恐懼，所以美國化運動也是為了教化當時在美國的東歐人，以增加他們對美國的忠心以及順服心。因此上至聯邦政府，下至民間組織無不參與了這項運動。基督教青年會YMCA就是其中一個著名的民間組織，他們會提供夜間課程教導移民英文、歷史、與人文等課程。而美國的聯邦教育局單位（The Federal Bureau of Education）則是主要實

17　Fleras Augie, Multiculturalisms in the United States: Multicultural Governances, American Style. In: The Politics of Multiculturalism.（New York: Palgrave Macmillan, 2009）p.96

施美國化的政府單位，他們透過跟民間組織合作，以
規劃教育課程給移民[18]。

　　因此20世紀的美國化運動的執行，將「美國」
的意識形態植入人們的頭腦，不僅僅決定了膚色，更
是定義了美國該有的文化，包括宗教信仰等，導致美
國社會被同質化。然而，這種同質化的社會對任何國
家來說都不是一個健康的社會，因為它通常意味著消
除其他種族或民族的獨特性。《塑造美國人》特別指
出：「賀拉斯‧卡倫強烈警告反對創造同質身份的企
圖：「實現統一將違反……美國本身的基本法和美國
機構的精神……從根本上來說，這將需要完全國有化
教育，廢除英語以外的其他語言教學，以及將歷史和
文學教學集中在英語傳統上。「統一的國家或『美國
種族』將需要『種族類型的統一』」[19]。換句話說，
20世紀美國的「統一」意味著與「異類」的隔離和
被「白人」的同化。

---

[18] https://www.cato.org/blog/failure-americanization-movement

[19] Desmond King, Making Americans: Immigration, Race, and the Origins of the Diverse Democracy, p29

　　因此在美國化運動的影響下，第一次世界大戰結束後，美國人不僅因對戰爭感到疲勞，也對當時共產主義的傳播感到惶恐，所以美國人對外來人產生了嚴重的排斥。美國政府先是在1917年對移民實施識字測驗，只要是十六歲以上都必須參加識字測驗，而且這項識字測驗是必須對任何語言有基本的閱讀能力。與此同時，美國政府也對新進的移民人口增加稅收，也賦予移民官員更多權力決定移民人口進入美國的資格。這一系列嚴格的移民政策無不是希望減少移民人口進入美國的數量，然而卻沒有太大的成效，再加上美國總統選舉臨近，因而在1924年實施了一個非常嚴格的移民法律——《強生-里德移民法》（Johnson-Reed Immigration Act）[20]。這項政策的實施主要是依據國外出生的人口數據，以分配移民簽證。由於當時的亞洲人已被其他政策限制移民，所以《強生-里德移民法》主要是針對南歐和東歐國家的人，特別是那些信仰天主教和猶太教的人群。因此，此移名法設立了配額制度，而該配額制度是根據在美國境外出生的人

---

[20]　https://www.history.com/this-day-in-history/coolidge-signs-stringent-immigration-law

數或美國境內的移民人數確定的，它甚至追溯了整個美國人口的起源，包括自然出生的公民（Natural Born Citizens）。然而這配額的計算包括大量長期居住在美國的英國後裔的家人。因此，來自英國和西歐的人可獲得的簽證比例是較大的，但來自南歐和東歐等其他地區的新移民相對低很多[21]。除此之外，雖然《強生-里德移民法》最主要是針對南歐和東歐國家，但也有對亞洲國家制定禁令，例如禁止任何沒有資格成為美國公民的人移民，這等同是重新制定了針對亞洲移民的限制，因為當時只有被歸類為白人或黑人的人才有資格成為美國公民。同時，該法律還規定，任何未經簽證或檢查入境或停留超過規定期限的人都將被驅逐出境。事實上，在1891年之前，美國還沒有管理驅逐出境的聯邦法律（早期曾有州規定），並且截至1917年，大多數移民只能在抵達美國的頭五年內被驅逐出境。然而1924年的《強生-里德移民法》取消了這項時效，允許隨時將任何違法入境或居留的移民驅逐出境[22]。雖然現今的社會對《強生-里德移民法》大都存

---

[21]　https://history.state.gov/milestones/1921-1936/immigration-act

[22]　https://www.migrationpolicy.org/article/1924-us-immigration-act-history

著負面觀感，因為對移民太過嚴苛，也失了人道主義
的原則，但這項法律卻對美國的移民政策有著深遠影
響，包括對每年移民的數量限制、將非法移民驅逐出
境的能力（無論他們在美國停留多久）以及對於簽證
的限制和要求。

　　美國對於移民的反彈，絕對在第一次世界大戰來
到了高潮。不僅僅在政策上和法律上都做出了反應，
更是促成三k黨（Ku Klux Klan）二度崛起。許多人認
知的三k黨是1950、1960年代，當民權運動崛起時。但
事實上，三k黨存在三個時代，其中一個時代正是第一
次世界大戰結束後的時代。三K黨在當時的中心理念正
是他們提倡他們對「美國人」的定義，他們不僅妖魔
化其他膚色種族的人，他們也貶低天主教和猶太教，
他們甚至控訴天主教教宗領導的等級制度會影響美國
的民主。同時，當時社會瀰漫著對共產主義的恐懼，
三K黨利用此恐懼以影響社會。更重要的是，三K黨一
方面將自己定位為基督教道德改革組織，另一方面又
作為鞏固白人新教徒的經濟和政治權力的工具，並且
聲稱正蓬勃發展的白人民族主義和傳統道德將遏制美

國本土出生的白人發展[23、24]。因此，第一次世界大戰後的美國，由於人民不僅對對於外在的混亂和不確定性感到不安，人民更是對美國內在的動盪感到恐慌，所以排外的氛瀰漫著整個美國社會，但這段時間的美國人民怕的不是移民，怕的是自身地位與社會的安定被白人移民破壞。

　　一直到第二次世界大戰後，美國公民運動的崛起，美國才開始放鬆移民政策，並且也在那個時候通過第一個難民相關的移民法律[25、26]。而在非裔美國人獲得民權的同時，美國在1960年代也停止了對移民配額的限制。1965年，國會通過了《移民和國籍法》，取消了基於國籍的配額限制，並允許美國人贊助其原籍國的親屬移民。該法案的實施標誌著美國人口結構的巨大轉變，許多來自亞洲和拉丁美洲的移民因而遷移到美國。

23　https://www.theatlantic.com/politics/archive/2016/12/second-klan/509468/

24　https://billofrightsinstitute.org/essays/the-ku-klux-klan-in-the-1920s

25　https://www.cfr.org/timeline/us-postwar-immigration-policy

26　https://www.history.com/topics/immigration/immigration-united-states-timeline

　　由於大熔爐和美國化的概念，美國所塑造的移民文化嵌入了「美國人」的優越性和「非美國人」的劣勢之中，從而形成了一種不平等感來確保「美國人」社會地位。比如，我們見證了1920年代對1860年代廢除奴隸制的反彈。坦率地說，美國的移民歷史在誕生之初就帶有一個等級制度，一個不是「我們」就是「他們」的社會，沒有任何協商的空間來創建一個「我們」。經濟大蕭條的結合也刺激了對非美國文化的歧視的增長。同時，政府在這一等級制度中的作用起到了至關重要的影響，因為它在支持該制度，以加強各族群應所屬的社會地位。比如1920年代的一系列法律強調了白人在美國社會中的優越地位，並表明「他者」不僅是劣等的，而且是被排除在外的。在這種情況下，非白人族群的身份不僅被政府否認，而且還被賦予了政治意涵。因此，《製造美國人》（Making Americans）指出：「法庭為界定白人身份所進行的扭曲強烈地突顯了這些類別不僅是社會建構的，而且它們的政治效果是什麼：『種族類別的法律具體化使得種族在我們的社會中成為一個無法逃避的物質現實，這在每一個轉折點上似乎都使種族呈現出真實的外觀。』」[27]　換句話說，在過去所實施的歧視法律已經在白人心中烙下了非白人及非美國文化貶低的社會地位，因此對「他者」的歧視成為了對非白人的「自然」反應，特別是在政府承認「美國白人」並否認「他者」時，這加強了族群之間的不平等關係，導致非白人族群受到更大的壓迫，需要尋求其他手段來維護他們的民族尊嚴。需要注意的是，驅使族群維護其尊嚴的不僅是他們與強大「白人」的不平等關係，也是因為「尊嚴」本身是人類在社會中生活的一個非常基本的需求。哲學家黑格爾曾認為：「人類歷史是由對認可的需求鬥爭所驅動的」。這種認可只有在被壓迫者通過將世界轉變為適合人類生活的地方而獲得尊嚴時才能得到滿足。唯一理性的認可形式最終是壓迫者和被壓迫者對其共享人類尊嚴的相互認可[28]。特別是，壓迫越嚴重，被壓迫者的怨恨就越大。因此，為了在這個「美國」社會中生存，其他族群唯一的解決辦

27　Desmond King, Making Americans: Immigration, Race, and the Origins of the Diverse Democracy, p46

28　Francis Fukuyama, *IDENTITY: The Demand For Dignity And The Politics Of Resentment*（New York: Picador, 2018）, pp.39-40

法就是爭取他們的權利——人權。但是在這樣一個
歧視的社會中，什麼樣的情況才能讓非白人在「美
國」社會中有機會被聽到呢？

　　直到1960年代，人權得到了大幅度的賦予，
這是因為從1950年代開始的民權運動。當時是二
戰結束後，美國的經濟表現非常好。歷史學家將那
段時間描述為「成長期」（Boom），包括經濟成
長、郊區的增加，還有最重要的嬰兒出生率的成
長[29]。1945年至1960年間，國民生產總值翻了一倍
多。失業率和通脹率低，工資高。中產階級的人有
更多的錢可以花費，隨著經濟的增長，消費品的
種類和供應也在擴大，他們也有更多的東西可以
購買。總而言之，美國在1950年代的表現非常出
色，所以人們對於移民問題和種族問題的關注度也
下降，民權運動也隨之崛起，在這一段時間美國因
此放鬆移民限制。

---

[29]　"The 1950s", History.com, accessed October 29, 2019,
　　　https://www.history.com/topics/cold-war/1950s

　　因此，縱觀美國歷史，從大熔爐的概念到1960年代，我們了解到美國在多元文化方面已經掙扎了數個世紀。從筆者的角度來看，美國承認非美國文化及非白人身份基於兩個因素：經濟改善和非白人的增長。儘管當時的非白人仍然是少數，但1950年代到1960年代的經濟改善使人們感覺他們的生活環境相對穩定和安全，與1930年代的第二次世界大戰和大蕭條時期相比，這使人們感到安全，從而給了非白人發聲的機會。此外，二戰結束後，由於德國對猶太人、殘疾人和同性戀者的大規模屠殺，導致人權的興起。隨後，由美國總統富蘭克林・羅斯福的妻子埃莉諾・羅斯福女士領導的聯合國人權委員會起草了一份特別文件，該文件「宣告」了全世界每個人應該擁有的權利，這促使聯合國在1948年公布了《世界人權宣言》[30]。因此，鑒於人權在全球範圍內的崛起和經濟的增長，非白人得以在「美國」社會中發聲。

---

[30] Universal Declaration of Human Rights, Encyclopedia Britannica, accessed October 31, 2019, https://www.britannica.com/topic/Universal-Declaration-of-Human-Rights

三、現在的美國

近年在全球化的趨勢下，國界不再封閉，而是向世界開放。各國不再是單純的國家，而是市場[31]。儘管全球化帶來了顯著的經濟增長，但收益幾乎全部流向了人口中最富有的10%。這成為加劇經濟不平等的主要因素之一[32]。而且，隨著不平等進一步擴大，那些有工作的人的稅收可能會增加。最富有的公司可以繼續利用其政治影響力推動稅收規則，讓他們能夠跨境轉移資金以獲得稅收優惠。正如羅德里克所寫，政府將越來越依賴於對個人公民的工資和消費徵稅。這一趨勢將進一步加劇財富轉移並擴大不平等[33]。然而，這種稅收負擔最重的落在工人階級，特別是白人工人階級身上。他們處於中產階級的底層，既不富裕也不貧窮，但他們在各階層中工作最辛苦。然而，他們從政府那裡得到的援助卻很少。因此，白人工人階級對貧困人

---

31 Ian Bremmer, *US vs. Them: The failure of Globalism*（United States of America: Penguin Random House, 2018）, p.7

32 Pippa Norris and Ronald Inglehart, *Cultural Backlash: Trump, Brexit, and Authoritarian Populism*, p.136

33 Ian Bremmer, US vs. Them: The failure of Globalism, p.28

五、拜登的勝利

　　然而在2020年的美國總統大選，選情發生了變化，川普沒能拿下連任，反而是民主黨的拜登拿下了2020年的美國總統勝選。其中，幫助川普拿下2016年的總統勝選的主要人群－－沒有大學學位的白人，2020年拜登從這個群體獲得的票數比例超越2016年的希拉蕊，從百分之二十八進步到百分之三十三。而這個群體的選民在2020年佔總選民的42%，但川普在這個群體中的選票比例幾乎與2016年相同（65%）[40]。會有如此的變化，有幾個重要因素存在背後。第一，新冠肺炎的發生。川普曾在2016年的競選期間，信誓旦旦地說會讓美國再次偉大，卻讓美國人民深陷疫情的困境，而且也不斷地告訴大眾疫情是虛假。也因為疫情帶來的經濟低迷，導致川普在美國和墨西哥邊境建立的牆，形同虛設。因為當初川普建立牆的目的是阻擋非法移民的進入，以防止他們搶走美國人的飯碗，但這道牆卻阻擋不了疫情對經濟的影響。因此調

---

[40] https://www.pewresearch.org/politics/2021/06/30/behind-bidens-2020-victory/

查顯示，當民眾被問及對哪個總統更有信心去處理疫情時，結果顯示拜登領先川普17個百分比[41]。第二，拜登的不偏激競選之路。當民主黨在選擇總統候選人時，其他候選人會提出對健保制度的改善或免學費之類的政策，但拜登對這些話題並沒有過多提及，他保留了一些空間，這些空間也幫助到他吸引偏右派的選民[42]。第三，拜登善用科技，在新冠疫情期間，他花更多投資在媒體上的競選宣傳，使得他在媒體上的曝光率不輸川普。並且也因為拜登大多時候是在媒體上出現在大眾眼前，所以能將最好的一面呈現給大眾，也因此提升大眾對他的好感[43]。然而，即便在2020年川普輸了總統大選，但差距並沒有太大，其中一個主因是拉丁美裔的群眾對川普的支持度上升。雖然川普對邊境管理非常嚴苛，但這並沒有影響拉丁美裔對川普的觀感，而且他在拉丁美裔群體中的支持率提高了10

41　https://www.bbc.com/news/election-us-2020-54782631

42　https://www.theatlantic.com/politics/archive/2020/11/why-biden-won-presidency/616980/

43　https://www.bbc.com/news/election-us-2020-54782631

個百分點，從28%增至38%[44]。與此同時，有些支持川普的拉丁美裔，正是因為川普的反移民態度[45]。更重要的是，在德州裡，位在美國和墨西哥邊境的里奧格蘭德河谷地區（Rio Grande Valley）的幾個拉丁裔佔多數的小鎮中，有41%至47%的拉丁裔選民支持川普，該地區一直是民主黨的據點。而在佛羅里達州，川普獲得了45%的拉丁裔選票，比他2016年的表現提高了11個百分點[46]。不過，主要支持川普的拉丁美裔群體仍是沒有大學學位的，所以拉丁美裔的群體大致上還是支持民主黨的[47]。而造成拉丁美裔群體對川普的支持率上升的主因是來自競選的宣傳手段。如前述所提及，拜登主要的宣傳手段是網路和媒體，而川普由於打著不

---

44 https://www.brookings.edu/articles/new-2020-voter-data-how-biden-won-how-trump-kept-the-race-close-and-what-it-tells-us-about-the-future/

45 https://www.cambridge.org/core/journals/european-political-science-review/article/solidarity-in-question-activation-of-dormant-political-dispositions-and-latino-support-for-trump-in-2020/81B1B5FC8A04CE9D970D801FDA1D4F82

46 https://www.nbcnews.com/news/latino/trump-s-gains-among-latino-voters-shouldn-t-come-surprise-n1246463

47 https://www.pewresearch.org/politics/2021/06/30/behind-bidens-2020-victory/

相信新冠的名號，所以持續以走訪住戶的方式去做競選宣傳。川普藉此機會不斷地對拉丁美裔呼籲他會幫他們增加工作機會、提升生活品質、並且增加去就學的管道。由於當時的美國競選受到佛洛伊德（George Floyd）的事件影響，大眾都在提倡「黑人的命也是命」（Black Lives Matter），所以拉丁美裔群體感受到被忽視，使得川普對他們積極的表現，讓拉丁美裔群體倍感重視[48]。

拉丁美裔群體在美國是一個迅速成長的族裔。根據2020年的人口普查，拉丁美裔群體有6370萬的人口，他們佔了美國總人口的19.1%，同時也美國第二大的族裔[49]。而每一年會增加140萬的拉丁美裔人口符合投票資格，而今年2024年預估有3620萬的拉丁美裔人口可以投票，因此他們對於總統選舉的重要性，不可忽視。然而拉丁美裔群體同時也是較容易被說服的群體，所以不論

---

[48]   https://www.theatlantic.com/ideas/archive/2020/11/how-trump-grew-his-support-among-latinos/617033/

[49]   https://www.census.gov/newsroom/facts-for-features/2023/hispanic-heritage-month.html#:~:text=63.7%20million,19.1%25%20of%20the%20total%20population.

是民主黨或共和黨都沒辦法輕易掌握他們的票群[50]。特別的是今年2024年的總統選舉，由於移民議題成為此次選舉的最熱門話題，拉丁美裔群體對於移民話題的觀感成為拉攏選票的關鍵之一。而移民議題之所以成為今年總統大選的熱門話題，得先從拜登說起。

拜登總統在2021年上任後，就急於想表現出自己與川普的不同，而這在移民政策方面上展現的尤為明顯。但礙於他上任時還是疫情時期，所以能做的改變有限。但他還是有兌現他的諾言，他上任之初所做的政策變化就包括停止建設美墨邊境的牆，他藉由冷凍投資的資金以停止擴建邊境的牆[51]。他也解除川普在疫情期間實施的綠卡凍結，當時的川普以疫情為理由停止申請綠卡的作業[52]。最重要的事，拜登在疫情宣布結束後，終止了美國Title 42的邊境政策。Title 42是

---

[50] https://www.vox.com/policy-and-politics/22436307/catalist-equis-2020-latino-vote-trump-biden-florida-texas

[51] https://www.politico.com/news/2021/04/30/biden-terminates-border-wall-construction-485123

[52] https://www.nbcnews.com/politics/immigration/biden-lifts-trump-era-ban-blocking-legal-immigration-us-n1258817

一項美國疾病控制與預防中心（CDC）的命令，允許川普和拜登政府在疫情期間迅速驅逐移民，而不給予他們尋求美國庇護的機會[53]。然而，隨著Title 42的結束，美國邊境大門的開啟，導致非法跨越美國邊境的人數在三年內增加了850萬。根據調查，在2019年的非法移民有1020萬人口，而截至2021年的十一月，卻增加了850萬的人口，這等於是增加了百分之八十三的非法移民[54]，而這些非法移民大多來自拉丁美洲國家。因此面臨非法移民的人數在短時間內突然攀升，造成美國多個城市無法臨時應變這場變化，也增加了這些城市的經濟負擔，而這些城市包含了紐約、芝加哥、和丹佛，而且聯邦政府也並沒有出手相助，導致這些城市可能面臨破產危機[55、56]。畢竟美國本身也才剛從

---

[53] https://www.reuters.com/graphics/USA-IMMIGRATION/klvygrkzbvg/

[54] https://thehill.com/opinion/4423296-matthews-illegal-immigrants-double-under-biden-and-thats-just-the-start/

[55] https://www.bloomberg.com/news/articles/2024-02-13/migrant-influx-strains-budgets-of-nyc-chicago-denver-s-p-says

[56] https://www.cnbc.com/2024/02/24/immigration-crisis-may-bankrupt-new-york-denver-and-chicago-experts.html#:~:text=Immigration-,The%20immigration%20crisis%20may%20bankrupt%20cities%20

疫情中結束，社會還在緩慢復甦當中，尤其疫情造成的遊民增加，許多城市都還沒完全解決遊民問題。因此當大量的非法移民湧入城市時，各個城市都沒做好準備，因為他們本身已經為遊民花費大量資金解決歸宿問題，現在又要為非法移民解決，使得非法移民也演變成遊民問題[57、58]。但不僅僅是這些城市的人民感覺到這突然的變化，美國全國人民也都感受到了，導致拜登在大選前面臨了「移民危機Migrant Crisis」，大眾開始對拜登的邊境管理感到失望。調查顯示，自2021年以來，支持執法機構在全國範圍內努力驅逐目前在美國生活的非法移民的選民比例增加了11個百分點，從26%增至37%。不僅如此，大約三分之一的美國人（34%）現在表示，大幅擴建美墨邊境牆可以大幅減少非法移民進入美國，這一比例比兩年前的29%有

such%20as%20New%20York,funds%20fall%20short%20of%20needs&text=The%20recent%20surge%20of%20migrants,U.S.%20under%20significant%20financial%20pressure.

[57] https://www.axios.com/2023/09/23/housing-crisis-migrant-immigrants-homeless

[58] https://chicago.suntimes.com/city-hall/2024/06/07/chicago-homeless-threefold-increase-migrant-crisis

所上升[59]。不僅如此，移民話題也演變成此次總統
選舉中，民眾最關注的議題[60]。與此同時，與多數
非法移民一樣族裔的拉丁美裔選民，也表達出他
們對拜登處理邊境問題感到很失望，尤其因為大
眾對非法移民的反感度提升，拉丁美裔選民因而
擔憂被歧視或被錯誤地驅逐出境，導致他們的社
會地位被貶低。但是不同黨派的拉丁選民對於非
法移民的處置方式有不同意見，根據皮尤研究中
心（Pew Research Center）的調查：「認同或傾向
民主黨的拉丁裔比認同或傾向共和黨的拉丁裔更
有可能認為允許非法來到美國的兒童移民留在美
國並申請合法身份是一個非常重要的目標（61%對
36%）。在認為『大多數非法在美國的移民，建立
合法留在美國的途徑非常重要』的人群中，也存在
類似的分歧（59%對33%）。」並且：「大約三分
之二的拉丁裔共和黨人（68%）認為加強美墨邊境

59 https://www.pewresearch.org/politics/2019/01/16/most-border-wall-opponents-supporters-say-shutdown-concessions-are-unacceptable/

60 https://news.gallup.com/poll/611135/immigration-surges-top-important-problem-list.aspx

的安全非常重要，而只有三分之一的拉丁裔民主黨人（33%）持相同看法。大多數拉丁裔共和黨人認為『防止人們逾期滯留簽證是一個非常重要的目標』（59%），而只有30%的拉丁裔民主黨人認為這一目標非常重要。」[61]

其實，非法移民突然增加的原因，主因並不是拜登放鬆邊境的管制，而是放鬆的時機。拜登是第一任疫情後的總統，但他並沒有意識到這點，更沒有意識到疫情對拉丁美洲國家的衝擊也會影響到自身國家。因此，這場移民危機更像是疫情後的移民反彈[62]。於是在2024年的六月，拜登政府決定限制邊境的進入，以挽回民眾對他的信任。他發布了行政命令以允許總統在每天平均有2,500次跨境行為持續七天的情況下，暫停在入境口岸之間的庇護申請。而這項行政命令將使美國移民官員能夠迅速驅逐非法入境的移民，而不處理他們的庇護申請。

---

[61]　https://www.pewresearch.org/short-reads/2021/04/20/most-latinos-say-u-s-immigration-system-needs-big-changes/

[62]　https://immigrationforum.org/article/the-reasons-behind-the-increased-migration-from-venezuela-cuba-and-nicaragua/

並且這些移民將可能面臨五年內不得重新入境的禁令，以及潛在的刑事起訴。因而引起一些爭議，因為這將依賴於一項被稱為212（f）的總統權力，這項權力在川普總統任期內因用於執行某些移民限制（包括對穆斯林國家的旅行禁令）而臭名昭著[63][64]。所以拜登政府為了再次強調自己與川普的不同，他在公布這項行政命令不久後，宣佈開啟一個管道給居住在美國至少十年的非法移民，並同時有一個美國籍的配偶，讓他們可以申請永久居留證，使他們有機會成為美國公民[65]。而在同一個月，拜登針對「追夢人計畫DACA」的受領人，提出能讓他們領取合法工作簽的資格[66]。

---

[63] https://www.theguardian.com/us-news/article/2024/jun/03/biden-close-mexico-border-immigration-executive-order

[64] https://www.politico.com/news/2024/06/04/biden-border-close-executive-action-migrants-00161483

[65] https://apnews.com/article/president-joe-biden-immigration-border-citizenship-spouses-69b9212c382d9bb265369b29b62622d7

[66] https://www.forbes.com/sites/stuartanderson/2024/06/19/daca-recipients-could-gain-h-1b-visas-under-new-immigration-policy/

　　因此，雖然拜登上任時，為了凸顯與川普的不同，強調自己的移民政策是使用軟硬兼施（Carrot and Sticks）的原則，然而總體來看，他更注重種植蘿蔔，而輕忽了棒子的重要性，導致新來的兔子過多，蘿蔔的供給越來越稀缺，引起本土兔子的不滿。供給蘿蔔的時機或許不對，畢竟疫情才剛結束，蘿蔔本身已經稀缺，但是拜登卻沒有看到，不僅僅造成社會經濟的失衡，也再次挑起種族之間的失衡。

六、川普還是賀錦麗平和失衡的天秤？

　　可想而知，由於拜登政府帶來的移民危機，川普藉此宣傳如果他上任他會採取軍事措施驅離在美國的非法移民者，並且建立非法移民的拘留營[67]。同時，過去川普針對穆斯林的旅遊限制，他也提及會擴大此限制到阿富汗人民和加薩人民[68]。而川普也到處強調非法移民為犯罪者，他們會為提高美國的犯罪率，並且常常拿同一件新聞，一個十二歲女孩被兩個非法移民殺害的事件，來舉證自己的論點[69]。雖然川普在邊境管理方面上採取強硬措施，但是他對於高技術人才卻表示非常歡迎，他甚至提議在美國大學畢業的國際生應自動符合永久居留證的資格，但目前還不清楚川普是否指所有國際生，包括那些非法來到美國或逾期滯留簽證的人，還是僅只持學生簽證的人。相比他在執政

---

[67] https://www.cnn.com/2024/05/01/politics/trump-immigration-what-matters/index.html

[68] https://www.vox.com/politics/24080265/trump-immigration-policies-2024

[69] https://www.reuters.com/world/us/trump-focuses-migrants-crime-here-is-what-research-shows-2024-04-11/

時，因為疫情因素，他提議要讓所有上全網課教學的國際學生回去自己國家，態度相差甚遠[70]。由此可見，川普對於移民的態度似乎有所區分。他對於非法移民採取強硬態度，因為他認為他們是犯罪者也會拖垮美國經濟，但他對於高技術人才的移民者，特別是在高科技領域的人才，態度較為寬鬆，因為他認為能為美國帶來經濟效益。

　　至於賀錦麗方面，她在她的政治生涯一直都是站在支持移民的立場，她在首次競選民主黨提名時對移民問題採取了幾個進步立場——支持無證移民獲得醫療保健資格，並表示希望將非法越境行為非刑事化。但自從她當上副總統後，她對於移民話題並沒有太多表態，尤其在她被推上民主黨總統候選人後，她更是三緘其口。由於拜登製造的移民危機，共和黨一直拿著這點攻擊民主黨，所以賀錦麗對於移民話題非常

---

[70] https://www.reuters.com/world/us/trump-says-foreign-college-graduates-should-automatically-get-green-cards-2024-06-20/

謹言慎行。但與此同時，拜登也叮囑她：要解決移民的根本問題。事實上，在賀錦麗擔任副總統期間，拜登就交託她一項任務－檢視中美洲移民的根本原因，而賀錦麗也強調這項任務更多的是承擔外交責任。因此，賀錦麗於2021年6月前往墨西哥簽署了一項協議，該協議包含美國承諾提供40億美元的直接援助和超過52億美元的私營-公共投資以幫助當地建立就業機會。而根據白宮的說法，這些投資資金支持了企業家，保障了勞工權益，增強了糧食安全，並在危地馬拉、薩爾瓦多和洪都拉斯啟動了「19個跨領域項目」，包括金融普惠、醫療保健、氣候金融和可負擔住房。但她總共也就造訪了拉丁美洲國家兩次，而且自2022年1月以來，她並未訪問南部邊境或邊境以南的國家。儘管墨西哥要求更多投資，但她的「根本原因戰略」沒有作出新的財務承諾。而且當賀錦麗第一次以副總統身份出訪瓜地馬拉城時，她說：「我想向該地區那些正在考慮長途跋涉前往美國和墨西哥邊境的人們明確表示：『不要過來。不要過來。』」此番言論引起爭議，有些人稱此言論就如同川普說要在邊境建立牆一樣。因此，對於賀錦麗過去三年對移民問題的處理的態度，外界認為她並沒有用行動去證明她對移民問題的重視，而且她的「根本原因戰略」的成效也非常有限。不過，鑑於賀錦麗過去對移民的態度一直都是友好的，因此外界認為她跟拜登的移民政策應該相差無幾，都是秉持著人道救援的原則[71、72、73、74]。

　　然而，近期由於川普的競選團隊一直拿移民問題攻擊賀錦麗，使得大眾對於賀錦麗的移民政策更加好奇。隨著移民議題持續延燒在社會中，賀錦麗特別在亞利桑那州，一個邊境州的造勢晚會上強調會對邊境管理採取強硬措施。她承諾會把在二月份將被共和黨擋下來的邊境法案帶回來，這份法案意在增加對邊境人員和拘留設施的資金撥款。她的競選廣告也強調會雇用數千名邊境人員，並嚴厲打擊芬太尼（毒品走私人士）和人口販運。並且，賀錦麗在亞利桑那州的演

71　https://www.latimes.com/world-nation/story/2024-07-26/kamala-harris-immigration-border

72　https://www.npr.org/2024/07/22/nx-s1-5048025/kamala-harris-immigration-policy-border-central-america

73　https://www.nbcnews.com/investigations/kamala-harris-border-policy-rcna163317

74　https://www.politico.com/news/2024/07/31/harris-border-immigration-gop-00172202

講中也強調對於移民系統全面改革的重要性，她對此提出增加申請公民的途徑。但是，沒有提到已經在美國非法居住的移民——這是許多進步人士和移民的維權人士的首要關注點[75]、[76]、[77]、[78]。同時，她對於移民系統的「全面改革」沒有更多的解說。因此，賀錦麗由於還在拜登政府下，她並沒有過多描繪如何規劃移民政策，但她也沒有模糊帶過，她為了強調與川普的不同，她雖然表達對邊境管理的態度是強硬的，但重點在於她的對象是人口販運和毒品走私人口，而川普的對象是所有非法入境人口，所以賀錦麗強調的是鎖定罪犯，而川普是無差別地管理。藉著鎖定目標的不同，賀錦麗展現出即便對於邊境管理的態度似和川普是一樣強硬，但她依然堅持人道救援的原則。

75　https://www.politico.com/news/2024/08/09/harris-promises-to-go-tough-on-border-security-00173485

76　https://www.reuters.com/world/us/kamala-harris-talks-tough-border-security-take-donald-trump-2024-08-07/

77　https://www.scrippsnews.com/politics/congress/senate-republicans-block-negotiated-bipartisan-border-package

78　https://gvwire.com/2024/08/11/harris-hopes-a-new-playbook-will-neutralize-gop-attacks-on-immigration/

七、結論

　　事實上，從歷史角度而言，美國就是個移民建立的國家。但因為先來後到的分別，美國文化的根基是受英國殖民時期的影響，導致後來新移民帶來的不同文化造成文化衝擊。同時也因為不同種族的出現，也出現種族之間衝突。但很多所謂的「衝擊」，事實上都是來自於恐懼—對自身利益威脅的恐懼。尤其受到民族熔爐概念的影響，更是加深人民對「美國人民」的定義，所以對於無法融入「美國人民」框架的群體會產生排斥。即便現今的美國社會努力朝著多元文化發展，但往往這份「多元」都會不小心把注意力落在單一方面，而忽略其他問題的存在。就如同2016年川普的當選歸功於白人工人階級，雖然2020年他落選，但他的拉丁美裔票數有增加的現象。這兩件事都是因為川普去關注了那些被掩沒在社會主流中的聲音。而2024年的移民議題中，又有什麼聲音被掩沒？

　　2024年的美國選舉，移民議題再次成為焦點。或許人民對於「美國人」的定義已有變化，也沒有過於執著過去的定義，但在歷史背景中，移民議題的崛起基本上都來自社會地位之間的爭奪，而事實上現今的社會也存在同樣的問題。尤其在拉丁美裔的選民中可以看出，即便非法移民大都是拉丁美裔族群，但這並沒有因此讓拉丁美裔選民去支持一個開放邊境的總統候選人，反而有一些人正因為開放邊境的政策，而去選擇一個反移民的總統候選人。這之中的因素正是來自拉丁美裔選民對自身地位受影響的恐懼，他們害怕非法移民塑造的負面觀感，而造成社會對他們整個族群的偏見。雖然川普和賀錦麗兩個人的政策似乎大不相同，賀錦麗強調的是人道救援的移民政策，而川普強調的是強硬手段以保護國內經濟的移民政策，但他們也試圖展現出他們對平衡社會需求的關注。尤其在賀錦麗和川普各選的副手方面都表達出他們對美國全方面的關注。賀錦麗的副手是來自一個白人貧窮階級，訴說她對美國國內經濟的重視，也象徵她的美國夢是個多元族群共存並且共同向上的社會環境。而川普的副手太太的家庭是移民家庭，象徵著儘管川普對邊境管理是嚴厲的態度，但他並不是對所有移民都是如此態度，只要能為美國帶來經濟效益，他會是歡迎的態度。所以他的美國夢著重於移民是輔助的存在，也是可有可無的存在，只要能輔助到美國人成就美國夢，就是被許可的存在。因此，2024年總統選舉的移民議題是個重新定義美國文化熔爐的形象。這次的文化熔爐重點不是在於如何定義美國人，而是如何定義美國移民的社會地位。從賀錦麗的角度，只要不是罪犯的前提下，所有移民與美國人民都應享有同等的福利；而從川普角度來看，移民有合法與非法區分，非法的移民是被貶低的，而合法移民的地位取決於對美國社會貢獻的多寡。換句話說，兩位候選人均藉著定義移民在美國社會的地位，來試圖平衡文化熔爐裡的衝突。

安內才攘外：美國國內政治左右外交大局

陳奕帆（淡江大學外交與國際關係學系助理教授）

臺灣淡江大學美洲研究所博士、美國喬治華盛頓大學美國外交政策專班結業，任教於淡江大學外交與國際關係學系。

黃奎博（國立政治大學外交學系教授）

國立政治大學外交系教授，曾任外交部研究設計委員會主委、中國國民黨副秘書長（督導大陸部、國際部），研究領域為美國外交、國際衝突管理。

簡 介

　　經歷一戰和二戰，美國躍為世界
首席軍事和經濟強國，曾被譽為世界警
察。然而從進軍伊拉克及阿富汗開始，
美國多次軍事行動都被質疑其正當性，
飽受國際批評。自從奧巴馬提出重返亞
太，又把台海和南海拉高緊張氣氛，由
川普至拜登皆高舉反中旗幟。其實美國
的外交政策長期都被內政所左右，如果
川普再掌政，在他的美國優先大旗下，
孤立主義將令歐洲各國及北約盟邦再嚐
到苦果。

　　「外交是內政的延伸。」這句名言同樣適用在當代世界強權的美國。美國自立國之初，開國元勳以三權分立為國家基礎，包含行政、立法、司法三權相互制衡。行政部門由總統負責，可以提名內閣官員、駐外大使、大法官、預算等送交立法部門的美國國會任命與審查。國會立法通過後，則有司法部門的最高法院認定法律合憲與否，以及總統的行政命令是否合憲等例子。這些都是在三權分立的概念下，美國政府的運作根基。

　　至於美國的總統制與兩黨政治，建構出有別於議會制國家的差異。美國政治由民主黨（Democratic Party）、共和黨（Republican Party）兩大黨，依照美國特有的選舉人團制（Electoral College）、贏者全拿制（winner-take-all），在民主政治的基礎下執政。若行政、立法部門由同一黨派拿下多數，形成「一致性政府」（united government），總統與國會步調一致，則較易推動政府各項政策與通過法案。反之，若行政、立法部門分別由不同政黨掌握多數，則「分立性政府」（divided government）易造成政治對立與僵局的狀況，導致總統施政遭受制肘。

　　民主、共和兩黨在不少政策議題推動上的認知，有著根本上的差異。再加上民粹政治、傳統媒體與新媒體的推波助瀾下，就容易造成美國政治僵局。例如：民主黨贊成槍枝管制（gun control）、推動法定權利（entitlement）與社會福利（social security）政策、支持女性墮胎選擇（pro-choice）的權利、接納無證移民（undocumented citizens）。相對地，共和黨則支持擁槍自由、減少非必要社福支出、反對女性任意終結嬰兒生命（pro-life）等與民主黨不同的立場。

　　因此，國內政治上的分歧，也影響了美國外交政策。本篇將舉出幾個美國國內政治影響外交決策的案例，與讀者一同探討目前美國面臨的問題。

壹、對外用兵失策

　　美國為世界第一軍事強權，再加上美國國內軍工業複合體的高度發展，以及美國文化喜愛展示肌肉的特性，美國對外用兵也是司空見慣的政治決定。在1950年代的韓戰（Korean War）、1970年代的越戰（Vietnam War），乃至於千禧年後因911恐怖攻擊事件展開的反恐戰爭（War on Terror）以及指控伊拉克握有大規模毀滅性武器（WMD）的對伊拉克戰爭（War in Iraq），都能看出美國領導人不吝採取軍事行動決策思維。

❖ 反恐戰爭

　　2001年9月11日，4架遭恐怖分子所挾持的美國航空與聯合航空民航機，分別在美國境內對數個重要地標，例如：紐約世貿中心（World Trade Center）雙子星南北大樓、美國國防部五角大廈（Pentagon），以及據信可能為攻擊地點的國會山莊（Capitol Hill）或白宮（White House），幾乎在同一時刻展開以民航客機撞擊的恐怖攻擊。遭劫機的民航機依序撞上世貿中心北塔、南塔、五角大廈、以及受乘客力退劫機者但仍墜毀於賓州郊外共4架客機，一共造成約2,600人喪命。

　　隨後，時任美國總統小布希（George W. Bush）站在世貿中心遺跡礫石堆上，說出名言：「若你們不站在我們這一邊，就是站在敵人那一邊。」（"You are either with us or against us."）[1] 大大地鼓舞了美國民眾。尤其在美國本土首次遭到恐怖攻擊後，更令人振奮。在場的搜救人員、警消與民眾，無不振臂大喊USA、USA、USA！自此之後，美國展開追捕911恐怖攻擊事件幕後黑手，也是恐怖組織蓋達組織（Al Qaeda）的領導人賓拉登（Osama bin Laden）。賓拉登聲稱是因為不滿美國對以色列的偏袒[2]，因此採取極端手段對美國進行恐怖攻擊。

　　反恐戰爭自2001年開始，持續了近廿年至2021年告終，其中經歷了4任美國總統，包含小布希、歐巴馬（Barack H. Obama）、川普（Donald J. Trump）、拜登（Joseph R. Biden Jr.）。即便賓拉登已於2011

---

[1] 'You are either with us or against us,' CNN, Nov. 6, 2001. https://edition.cnn.com/2001/US/11/06/gen.attack.on.terror/

[2] "Bin Laden claims responsibility for 9/11," CBC, Oct. 29, 2004. https://www.cbc.ca/news/world/bin-laden-claims-responsibility-for-9-11-1.513654

年5月1日在巴基斯坦被美國特種部隊之一的海豹部隊擊斃，也由時任總統歐巴馬宣告「正義得以伸張」（Justice has been done.）[3]，但美國完全自阿富汗撤軍，已是2021年8月的事情。原先設定要推翻阿富汗塔利班（Taliban）政權，也在美國總統拜登下令倉皇撤兵後，立刻班師回朝重新掌權。

　　美國在阿富汗的反恐戰戰爭中，終戰目標設定一變再變，讓美軍也手足無措。首先，美國一開始是想推翻阿富汗的塔利班政權，後來卻演變成要在阿富汗建立西方式的民主政府。美國政治領袖野心勃勃又盲目不明確的終戰目標，導致美國無法達成對阿富汗反恐戰爭之目的。其次，美國把阿富汗塔利班與賓拉登所屬的蓋達組織有所混淆，加上阿富汗塔利班與巴基斯坦塔利班，甚至缺乏對阿富汗國內各部族間政治角力的認知，讓美國對其所出兵攻擊的目標混亂不明。

---

[3]　'JUSTICE HAS BEEN DONE,' US Department of Defense, May 1, 2011. https://www.defense.gov/Multimedia/Photos/igphoto/2002009777/

再者，由於長年飽受戰亂之苦，阿富汗經濟除了依賴美國與國際援助外，從事罌粟花種植的毒品產業也占了阿富汗經濟不低的比例。阿富汗雖在美國協助下，試圖建立西方式的民主政府，但阿富汗掌權者也藉此貪贓枉法，收賄與中飽私囊，讓美國在阿富汗的努力「事倍功半」。最後，因為美國拜登政府急促設下最後撤軍期限[4]，讓盟邦與阿富汗民眾毫無心理準備，也令阿富汗塔利班政權歷經廿年的反恐戰爭後，重新掌握阿富汗執政大權，讓美國在阿富汗的付出功虧一簣。

❖ 伊拉克戰爭

2003年3月20日，美國懷疑伊拉克暗中幫助911恐怖攻擊事件的蓋達組織，以及指控伊拉克總統海珊（Saddam Hussein）藏有大規模毀滅性武器（weapons of mass destruction, WMD），進而聯手英國、澳洲、波蘭等國出兵對伊拉克進行攻擊。美、英等國聯軍出兵伊拉克

4　Stephen Collinson, "Biden's botched Afghan exit is a disaster at home and abroad long in the making," CNN, Aug. 16, 2021. https://edition.cnn.com/2021/08/16/politics/afghanistan-joe-biden-donald-trump-kabul-politics/index.html

始終沒能得到聯合國的授權，雖美國布希政府得到美國國會授權出兵，但卻缺乏國際社會支持，也讓攻打伊拉克的舉動，遭受質疑為一己之私。究竟是為了伊拉克蘊藏豐厚的石油、天然氣儲量[5]，還是滿足布希家族對海珊的不滿，都無法為美國出兵伊拉克寫下合理註腳。

　　美國總統小布希在2003年5月站在美國林肯號航空母艦上，發表了對伊拉克主要戰事皆以告捷的「任務完成」（Mission accomplished）演說[6]。當時小布希身著飛行員戰鬥服，有如電影《捍衛戰士》主角英雄般帥氣登場，塑造出美國超強的形象。儘管一開始伊拉克民眾厭惡海珊獨裁政權，對美國抱有期望，企盼美國能改善伊拉克的政經環境。不過，美國在伊拉克也犯了與在阿富汗同樣的錯誤，無法釐清複雜的伊拉克政局，以及欲在伊拉克建立西方式民主政權。

---

[5] JoAnne Allen, "Greenspan clarifies Iraq war and oil link," Reuters, Sept. 17, 2007. https://www.reuters.com/article/world/greenspan-clarifies-iraq-war-and-oil-link-idUSN17286461/

[6] "President Bush Announces Major Combat Operations in Iraq Have Ended," The White House, May 1, 2003. https://georgewbush-whitehouse.archives.gov/news/releases/2003/05/20030501-15.html

　　美國在進攻伊拉克之初，與庫德族攜手合作對抗伊拉克政府軍。之後，因為伊拉克境內遜尼派極端勢力不滿美國扶植什葉派建立伊拉克民主政權，導致伊拉克境內不同勢力的武力攻防從未間斷，造成伊拉克軍民與美軍喪生。美軍在解放伊拉克的戰爭裡，也有對戰俘性侵、虐待、施以水刑與刑求等不人道[7]，甚至是犯了戰爭罪的刑罰，令美軍的形象一落千丈。這場未獲得國際授權，以及美、英聯軍一意孤行的戰爭，讓國際社會無法理解，更讓美國與國際社會站在對立面。

　　時任美國總統歐巴馬在2011年10月宣布美軍自伊拉克撤兵[8]，結束美軍在伊拉克的戰鬥部署任務。自2003年起至2011年底，美軍在伊拉克累計喪生人數超過4,400員，而伊拉克人死於這場戰爭更以百萬人計。

7　Matthew Barakat, "20 years later, Abu Ghraib detainees get their day in US court," Associated Press, April 12, 2024. https://apnews.com/article/abu-ghraib-lawsuit-caci-virginia-contractor-torture-47bca65df10c62b672944692a139e012

8　Mark Landler, "U.S. Troops to Leave Iraq by Year's End, Obama Says." The New York Times, Oct. 21, 2011. https://www.nytimes.com/2011/10/22/world/middleeast/president-obama-announces-end-of-war-in-iraq.html

歐巴馬宣布美軍撤出伊拉克後，極端組織伊斯蘭國
（Islamic State, IS）就在伊拉克、敘利亞、利比亞
等地竄起。伊斯蘭國的出現，對小布希所發動的伊
拉克戰爭、歐巴馬急欲自中東撤出，產生最諷刺的
結果。伊斯蘭國公開處決美國、日本、中國大陸等
國公民，以恐怖直播手段造成恐慌。時任美國總統
歐巴馬只好尋求與中國大陸國家主席習近平、俄國
總統普丁合作，共同打擊伊斯蘭國。

綜觀美國總統小布希在阿富汗的反恐戰爭，
以及對伊拉克的戰爭，都因為美國國內打著輸出美
式或西方式民主制度到外國的理想主義算盤，但卻
缺乏對阿富汗、伊拉克兩國國內政治的通盤正確認
知，加上美國再三更動的戰略目標，令美軍深陷戰
事泥淖難以抽身，造成美軍與戰地人民數以百萬計
的傷亡與流離失所。隨後，美國總統歐巴馬、拜登
又分別想快速撤出伊拉克與阿富汗，導致極端勢力
伊斯蘭國、塔利班死灰復燃、重新掌權，卻讓美國
耗費巨資卻又白忙一場。

貳、經濟國內自縛

　　美國自1980年代雷根（Ronald Reagan）總統時期就提倡自由貿易（free trade）成立北美共同市場[9]，先與計畫加拿大簽署雙邊《美加自由貿易協定》，後再納入墨西哥演變成《北美自由貿易協定》（North America Free Trade Agreement, NAFTA）[10]。之後經過柯林頓（Bill Clinton）、小布希、歐巴馬政府擴大自由貿易，與多國簽署雙邊自由貿易協定，甚至美國加入並領導《跨太平洋夥伴關係協議》（Trans-Pacific Partnership, TPP）。川普政府就職後第一天便退出TPP，讓美國轉向貿易保護主義（trade protectionism），自2018年3月起美國與中國大陸更進一步開始加徵關稅的美中貿易戰。

---

[9]　"The Reagan Presidency," Ronald Reagan Presidential Library & Museum. https://www.reaganlibrary.gov/reagans/reagan-administration/reagan-presidency

[10]　Michael Wilson, "The North American Free Trade Agreement: Ronald Reagan's Vision Realized," The Heritage Foundation, Nov. 23, 1993. https://www.heritage.org/trade/report/the-north-american-free-trade-agreement-ronald-reagans-vision-realized

❖ 跨太平洋夥伴關係協議（TPP）

　　汶萊、智利、紐西蘭、新加坡等4國在2005年率先簽署《跨太平洋戰略經濟夥伴關係協定》（Trans-Pacific Strategic Economic Partnership Agreement, Trans-Pacific SEP or TPSEP）[11]。2009年上任的美國歐巴馬政府，主打「轉向亞洲」（Pivot to Asia）政策。歐巴馬自詡為美國首任太平洋總統[12]，時任歐巴馬政府的國務卿希拉蕊（Hillary Clinton）更稱21世紀是美國的太平洋世紀[13]。美國在歐巴馬總統的帶領下，加入並主導《跨太平洋夥伴關係協議》（Trans-Pacific Partnership, TPP）的談判，

---

[11] "Trans-Pacific Strategic Economic Partnership (TPSEP or P4)," New Zealand Ministry of Foreign Affairs and Trade, June 15, 2006. https://www.mfat.govt.nz/en/about-us/who-we-are/treaties/trans-pacific-strategic-economic-partnership

[12] Mike Allen, "'America's first Pacific president'," POLITICO, Nov. 13, 2009. https://www.politico.com/story/2009/11/americas-first-pacific-president-029511

[13] Hillary Clinton, "America's Pacific Century," Foreign Policy, Oct. 11, 2011. https://foreignpolicy.com/2011/10/11/americas-pacific-century/

讓原本4國擴張到12國。除原先的汶萊、智利、紐西蘭、新加坡，再加上美國、澳大利亞、加拿大、日本、馬來西亞、墨西哥、秘魯、越南等8國，共計12國[14]。

　　2016年2月初歐巴馬簽署TPP[15]，而TPP原本預計能有降低非關稅貿易壁壘、關稅貿易壁壘，以及建立投資者與國家爭端解決機制的美意，有利參與12成員國的貿易自由化、降低關稅與給予市場准入。還能讓簽署TPP的12國降低對中國大陸貿易的依賴，儘管12國中也不乏有加入中國大陸主導的《區域全面經濟夥伴協定》（Regional Comprehensive Economic Partnership Agreement, RCEP）[16]。而TPP也有較嚴格的環保與勞工標準，高於其他經濟協議，欲成為區域經濟整合協議中的模範。

---

[14]　"Overview of TPP," Office of the United States Trade Representative. https://ustr.gov/tpp/overview-of-the-TPP

[15]　"Statement by the President on the Signing of the Trans-Pacific Partnership," The White House, Feb. 3, 2016. https://obamawhitehouse.archives.gov/the-press-office/2016/02/03/statement-president-signing-trans-pacific-partnership

[16]　"Regional Comprehensive Economic Partnership Agreement (RCEP)," Australia Government Department of Foreign Affairs and Trade. https://www.dfat.gov.au/trade/agreements/in-force/rcep

但是，由於TPP在2016年美國大選年中，已經變成一有爭議性的經濟政策。美國勞工與工會團體紛紛質疑自由貿易的優缺點，爭論自由貿易是否真對美國中產階級帶來益處，亦或是傷害美國民眾的就業機會。隨著經濟全球化的持續進行，美國跨國企業、大公司等紛紛把勞力密集產業，外包到世界各國。當時，中國大陸與東南亞國家成為美國企業外包製造的主要生產地。適逢選舉年，當時無論是民主黨總統候選人希拉蕊，或是共和黨總統候選人川普，皆表態不支持TPP。

除了兩黨總統候選人的明確表態之外，因為TPP在歐巴馬簽署後，仍需送交美國國會批准（ratify），美國國會參、眾兩院在選舉前對通過批准TPP一事興趣缺缺。更遑論在2016年11月大選後，川普獲得過半選舉人票成為總統當選人後，參議院多數黨領袖兼共和黨籍肯塔基州參議員麥康納（Mitch McConnell）、少數黨領袖兼民主黨籍紐約州參議員舒默（Chuck Schumer）都不約而同表示，TPP不該在歐巴馬剩餘的跛鴨（lame duck）任期內通過，應留待川普就任後再決定。

　　競選期間對TPP就相當感冒的川普，他與支持者多認為TPP會嚴重傷害美國的製造業，對從事製造業的廣大勞工階層帶來致命性的打擊。事實上，對美國製造業的打擊源自於美國跨國公司善於管理資本與性價比，早把美國競爭力不足的製造業外包到其他國家。勞力密集的製造業在美國除了勞工技術欠佳、薪資福利過高，以及工會罷工的制肘外，尚有自動化生產流程的衝擊，畢竟機器人是不用輪班與休息的。但是，美國國內政治對自由貿易持保留態度的情勢，在大選年期間已被定調，沒有任何一位政治人物敢攖其鋒。

　　川普實現他在競選期間的諾言，就職美國總統後第一個工作日，就簽署行政命令退出TPP[17]。於是TPP耗時近8年的談判，在歐巴馬任內最後一年的2016年2月初簽署，到川普就任第一天工作日的2017年1月23日退出。美國國會在歐巴馬簽署TPP後沒有完成批准程序，使TPP在美國國內從未正式生效過。美國退出

---

[17] "Presidential Memorandum Regarding Withdrawal of the United States from the Trans-Pacific Partnership Negotiations and Agreement," The White House, Jan. 23, 2017. https://trumpwhitehouse.archives.gov/presidential-actions/presidential-memorandum-regarding-withdrawal-united-states-trans-pacific-partnership-negotiations-agreement/

TPP，在國際社會上不僅影響美國誠信，更令加入TPP的其餘11個國家不知所措，所幸後來有時任日本首相安倍晉三接棒，推動《跨太平洋夥伴全面進步協定》（Comprehensive and Progressive Agreement for Trans-Pacific Partnership, CPTPP）[18]。

❖ 美中貿易戰

自2018年1月份起，也是川普就職滿一週年後，川普把他一貫強調的「美國優先」（America First），應用在貿易政策上。首當其衝的是中國大陸與南韓出口到美國的太陽能面板與洗衣機，被徵收高

---

[18] With regard to the Trans-Pacific Partnership (TPP), Deputy Prime Minister and Minister of Foreign Affairs Peters expressed the view that the fact that the "Comprehensive and Progressive Agreement for Trans-Pacific Partnership (CPTPP)" was realized as a result of Japan's leadership is magnificent. Prime Minister Abe explained that he hopes both countries will complete their domestic procedures quickly in order to promote the prompt entry into force of the CPTPP. "Prime Minister Abe Receives a Courtesy Call from the Deputy Prime Minister and Minister of Foreign Affairs of New Zealand," Ministry of Foreign Affairs of Japan, May 19, 2018. https://www.mofa.go.jp/a_o/ocn/nz/page3e_000855.html

額關稅[19]。3月22日則是美中貿易戰的開端，川普政府提議對中國大陸進口商品徵收最高500億至600億美元的新關稅，並限制中國大陸在美國的投資，以回應其所謂的「不公平貿易做法」[20]。

　　美國貿易代表第一波對中國大陸600億美元商品課徵關稅後，第二波的貿易戰措施在6月15日宣布，再對中國大陸500億美元商品課稅[21]。第三波貿易戰在9月18宣布，對中國大陸2,000多億美元商品又課徵關稅，再讓美中貿易戰升級[22]。這三波提高關稅的舉措，雖然北

[19]　"US slaps 'America First' tariffs on washing machines and solar panels," BBC, Jan. 23, 2018. https://www.bbc.com/news/business-42784380

[20]　"President Trump Announces Strong Actions to Address China's Unfair Trade," Office of the United States Trade Representative, March 22, 2018. https://ustr.gov/about-us/policy-offices/press-office/press-releases/2018/march/president-trump-announces-strong

[21]　"USTR Issues Tariffs on Chinese Products in Response to Unfair Trade Practices," Office of the United States Trade Representative, June 15, 2018. https://ustr.gov/about-us/policy-offices/press-office/press-releases/2018/june/ustr-issues-tariffs-chinese-products

[22]　Jim Tankersley and Keith Bradsher, "Trump Hits China With Tariffs on $200 Billion in Goods, Escalating Trade War," The New York Times, Sept. 17, 2018. https://www.nytimes.com/2018/09/17/us/politics/trump-china-tariffs-trade.html

京當局有所因應，派遣副總理劉鶴赴美談判[23]，但川普的不可預測性，讓北京決策高層頭痛。

2018年12月，美國總統川普與中國大陸國家主席習近平，藉G20布宜諾斯艾利斯峰會之便，兩人面對面直接談判美中貿易戰與關稅議題[24]。雙方在聲明稿中同意對貿易戰採取暫時休兵90日，中國大陸需向美方購買相當數量的農產品、能源產品、工業產品等減少美、中兩國貿易失衡的狀況[25]。川普與習近平兩人對於中國大陸購買美國貨物與產品的談判，並非一次到位。當在談判協議進度不如預期，川普馬上就會利用社群媒體發號施令。在2019年5月，川普推文發動

---

[23] Keith Bradsher, "Top Chinese Official Plans U.S. Trip to Address Trade Friction," The New York Times, Feb. 23, 2018. https://www.nytimes.com/2018/02/23/business/china-trade-washington.html

[24] Roberta Rampton and Michael Martina, "U.S., China agree on trade war ceasefire after Trump, Xi summit," Reuters, Dec. 3, 2018. https://www.reuters.com/article/world/us-china-agree-on-trade-war-ceasefire-after-trump-xi-summit-idUSKCN1O0313/

[25] "Statement from the Press Secretary Regarding the President's Working Dinner with China," The White House, Dec. 1, 2018. https://trumpwhitehouse.archives.gov/briefings-statements/statement-press-secretary-regarding-presidents-working-dinner-china/

第四波提高關稅的舉動，把第三波2,000多億美元商品自10%關稅調高至25%[26]。

2019年6月，川普與習近平藉G20大阪峰會之機，雙方第二次坐下來進行會談。川普同意不再對中國大陸出口至美國貨物加徵新關稅，而習近平同意中方願意購買美國產品[27]。難以預測的川普並未完全遵守其與習近平的約定，川普在8月初因不滿意中方購買美國農產品的進度，宣布第五波對3,000億中國大陸出口到美國的商品加徵10%關稅[28]。中國大陸為讓出口貨物商品保有競爭力，採取讓人民幣對美元貶值的方式，抵銷美國單方面對中國大陸加徵的關稅。不過，也

---

[26] Ana Swanson and Alan Rappeport, "Trump Increases China Tariffs as Trade Deal Hangs in the Balance," The New York Times, May 9, 2019. https://www.nytimes.com/2019/05/09/us/politics/china-trade-tariffs.html

[27] "Remarks by President Trump in Press Conference | Osaka, Japan," The White House, June 29, 2019. https://trumpwhitehouse.archives.gov/briefings-statements/remarks-president-trump-press-conference-osaka-japan/

[28] "USTR Announces Next Steps on Proposed 10 Percent Tariff on Imports from China," Office of the United States Trade Representative, Aug. 13, 2019. https://ustr.gov/about-us/policy-offices/press-office/press-releases/2019/august/ustr-announces-next-steps-proposed

正因如此，美國財政部宣布把中國大陸列為匯率操縱國[29]。

　　直到2020年1月15日，美國與中國大陸敲定《美利堅合眾國政府和中華人民共和國政府經濟貿易協定》，由美國總統川普與中國大陸副總理劉鶴一同簽署。通稱為第一階段貿易協定（Phase One trade deal）的內容包含了智慧財產權、技術轉移、農業、金融業、擴大貿易等五大關鍵成就[30]。2020年也是川普想競選連任的關鍵選舉年，能在選舉年之初就達成美中貿易的第一階段協定，對川普連任的經濟成績單大大加分。川普政府在達成協定之時，取消把中國大陸列為匯率操縱國[31]。吾人由此可見川普利用關稅的手段，透過美國《201條款》、《232條款》與《301

---

[29] "Treasury Designates China as a Currency Manipulator," US Department of Treasury, Aug. 5, 2019. https://home.treasury.gov/news/press-releases/sm751

[30] "United States-China Phase One Trade Agreement," Office of the United States Trade Representative, Jan. 15, 2020. https://ustr.gov/phase-one

[31] Alan Rappeport, "U.S. Says China Is No Longer a Currency Manipulator," The New York Times, Jan. 13, 2020. https://www.nytimes.com/2020/01/13/us/politics/treasury-china-currency-manipulator-trade.html

條款》[32]，對中國大陸輸美商品加徵高額關稅，盡可能滿足其支持群眾美國農民的需求。即便到了拜登上台，也沒能取消對中國大陸商品的關稅。

　　川普交易式的談判手段，展現他會用盡辦法達成他想達到的目的，以及不吝向對手「極限施壓」的技巧。川普發動的貿易戰，事實上也造成美、中兩方都受傷，不如川普宣示般的有斬獲。在貿易戰期間，美國貨運業因為缺少來自中國大陸的貨物商品而萎縮。美國經濟也因貿易戰放緩，導致美國企業與公司不敢雇用新聘員工，失業人口也因而增加。美國農民也因遲遲等不到新的海外市場銷售其所生產的農產品，讓許多農民破產[33]。許多研究也發現美中貿易戰加徵的關稅，其實最終還是由美國公司與美國消費者所吸收。

---

32 "Trump Administration Tariff Actions: Frequently Asked Questions," Congressional Research Service, Feb. 22, 2019. https://crsreports. congress.gov/product/pdf/R/R45529/2

33 Ryan Hass and Abraham Denmark, "More pain than gain: How the US-China trade war hurt America," The Brookings Institution, Aug. 7, 2020. https://www.brookings.edu/articles/ more-pain-than-gain-how-the-us-china-trade-war-hurt-america/

參、總統大選影響內外

　　時序進入2024年美國總統大選，共和黨由川普勝出獲得提名，擊敗黨內初選對手前駐聯合國大使海莉（Nikki Haley）、現任佛羅里達州州長德桑蒂斯（Ron DeSantis）、印度裔富豪企業家拉馬斯瓦米（Vivek Ramaswamy）等。川普挑選俄亥俄州聯邦參議員萬斯（JD Vance）為競選搭檔。

　　民主黨原本是由總統拜登搭配副總統賀錦麗（Kamala Harris）再次迎戰川普，但在2024年6月底首場美國總統大選辯論時，拜登表現不佳受黨內同志質疑他能否連任成功並強力勸退[34]。隨後，拜登宣布退出選舉，改支持賀錦麗與明尼蘇達州州長華茲（Tim Walz）出戰。

---

[34] Ivan Pereira and Leah Sarnoff, "These Democrats called for Joe Biden to drop out of 2024 race before his announcement," ABC News, July 22, 2024. https://abcnews.go.com/Politics/democrats-who-have-called-on-joe-biden-step-down/story?id=111854551

❖ 內政看法歧異

因篇幅所限，以下介紹在2024年美國總統大選的
內政議題，民主黨的賀錦麗聚焦墮胎議題，而共和黨
候選人川普則強攻移民問題。

❖ 墮胎議題

2022年6月美國最高法院推翻「羅訴韋德案」（Roe
v. Wade）判例，霎時間全美民眾上街抗議大法官所作
出推翻判例的決定[35]。1969年的「羅訴韋德案」是德
州孕婦因懷了第三胎不想再生產，卻因所居住的德州
法律只允許孕婦在生命受威脅時始能墮胎。德州法官
做出有利於孕婦的判決，宣布德州相關墮胎法規違憲。
後德州上訴至美國聯邦最高法院，大法官判決美國憲
法修正案第14條為女性提供基本的隱私權，孕婦墮胎
權應受憲法保障。

---

[35] Brent Kendall and Jess Bravin, "Supreme Court Overturns Roe
v. Wade, Eliminates Constitutional Right to Abortion," The Wall
Street Journal, June 24, 2022. https://www.wsj.com/articles/
supreme-court-overturns-roe-v-wade-eliminates-constitutional-
right-to-abortion-11656080124

　　反對墮胎的團體自此之後一直在爭取推翻「羅訴韋德案」判例，到了2022年才有進展。對於憲法保護的「隱私權」範圍，大法官有認知上的不同。但在憲法上規定的「人」（person），應適用於出生之後的人；而未出生的胎兒，並非美國憲法修正案第14條中所稱的「人」。1970年代的判決，因為憲法位階高於州法，所以當時多州修改反墮胎的法條。時至今日，也因為最高法院推翻判例，讓較保守的州別與反墮胎團體推動更嚴格的墮胎法規，美國可能多至半數的廿餘州都把墮胎法條修嚴。

　　賀錦麗身為少數族裔的女性副總統，加上早年擔任律師、加州檢察長、加州聯邦參議員時，都支持墮胎權（pro-choice）。她控訴川普在2017年支持聯邦眾議院通過全國性墮胎禁令，規定懷孕20週以上的孕婦不得墮胎[36]。賀錦麗提到自己在參議員任內，曾在司法委員會

---

[36] Mike DeBonis and Jenna Johnson, "With Trump's backing, House approves ban on abortion after 20 weeks of pregnancy," The Washington Post, Oct. 3, 2017. https://www.washingtonpost. com/powerpost/with-trumps-backing-house-approves-ban-on-abortion-after-20-weeks-of-pregnancy/2017/10/03/95c64786-a86c-11e7-b3aa-c0e2e1d41e38_story.html

提出質疑，美國是否有任何一條法律賦予政府對男性身體做出決定的權力？而且在墮胎法條修嚴之後，連幫助孕婦執行墮胎手術的醫師、護理師都有可能受到刑罰。更遑論有女性受到強姦、亂倫等侵害，如依法不得墮胎，對女性身心造成的傷害巨大[37]。

　　川普本人對墮胎議題反覆不定，更改自己對墮胎的立場超過15次以上[38]。曾經支持推動全國性墮胎禁令的川普，為爭取憂心忡忡的婦女選票，調整自己的論述，稱不一定要推行全國性禁令，應交給各州決定即可。但此話一出，卻又得罪最保守、最反對墮胎的川普支持者，讓他們對川普的支持有所動搖。川普的競選副手萬斯也稱賀錦麗與多位民主黨政治人物是「沒孩子的養貓女」（childless cat ladies），稱

[37] "Remarks by Vice President Harris on the Fight for Reproductive Freedoms," The White House, May 1, 2024. https://www.whitehouse.gov/briefing-room/speeches-remarks/2024/05/01/remarks-by-vice-president-harris-on-the-fight-for-reproductive-freedoms/

[38] Steve Contorno and Kate Sullivan, "15 times Trump's abortion position shifted over the past 25 years," CNN, April 10, 2024. https://edition.cnn.com/2024/04/09/politics/trump-abortion-stances-timeline/index.html

民主黨人的政策立場反家庭、反育兒[39]。不過，賀錦麗身為女性、與生俱來的優勢，讓川普與萬斯在墮胎議題上難以反駁，也讓選民認知到賀錦麗激進派（progressive）的政策導向。

❖ 移民議題

自2021年1月拜登就職後至2024年5月期間，根據美國聯邦眾議院國土安全委員會統計入境美國的非法移民有近千萬人，顯示非法移民自邊境跨越入美已達災難性等級的程度。其中有780萬人次的非法移民，是從美國西南邊境非法入境[40]。而由於民主黨向來對非

---

[39] Hannah Demissie, "Vance responds to 'childless cat ladies' backlash, claims Democrats are 'anti-family'," ABC News, July 27, 2024. https://abcnews.go.com/Politics/vance-responds-childless-cat-ladies-backlash-claims-democrats/story?id=112310494

[40] "STARTLING STATS FACTSHEET: Biden Administration on Track to Reach 10 Million Encounters Nationwide Before End of Fiscal Year," US House of Representatives Committee on Homeland Security, May 22, 2024. https://homeland.house.gov/2024/05/22/startling-stats-factsheet-biden-administration-on-track-to-reach-10-million-encounters-nationwide-before-end-of-fiscal-year/

法移民入境的寬容度較高，所以自拜登上台後，湧入美國邊境的非法移民驟增。為因應非法移民湧入的危機，拜登在2021年3月便指派副總統賀錦麗負責處理非法移民相關事務[41]，在外交上與中美洲國家交涉，其中包含墨西哥與中美洲北三角（Northern Triangle）國家，包含瓜地馬拉、宏都拉斯和薩爾瓦多。

賀錦麗出身自移民家庭，父親來自牙買加，母親來自印度，從小生長在加州奧克蘭。拜登交付賀錦麗移民任務，其實是兩面刃。若賀錦麗能成功地緩解非法移民入境美國，那可謂大功一件，更能與川普政府時期在美國、墨西哥邊境建造圍牆的政策做出對照區別。但是，由累積近千萬人的非法移民入境美國的數字看來，賀錦麗在邊境防範非法移民的努力顯然遠遠不足。近八成的非法移民都藉由西南邊境進入美國，因此共和黨執政的德州州長艾伯特（Greg Abbott），就曾用兩輛巴士運送非法移民到賀錦麗副

---

[41] "Remarks by President Biden and Vice President Harris in a Meeting on Immigration," The White House, March 24, 2021. https://www.whitehouse.gov/briefing-room/speeches-remarks/2021/03/24/remarks-by-president-biden-and-vice-president-harris-in-a-meeting-on-immigration/

總統官邸外，以表示對賀錦麗在邊境與非法移民政策
失敗的抗議[42]。

　　賀錦麗在處理邊境問題上過於好高騖遠，她不是專
注在邊境檢驗上，而是打算從源頭改善北三角國家的國
內問題，如：政府貪腐、經濟貧困、治安暴力等問題。
拜登政府雖利用公、私部門經濟援助的作法，但中美洲
國家貪汙腐敗狀況自歐巴馬時期後並未有顯著改善。偷
渡集團的網絡日益猖獗，甚至還有非法移民是從南美洲
國家厄瓜多一路北上至美墨邊境，再偷渡進美國境內。
其中不乏有來自中國大陸的非法移民，因厄瓜多自2016
年至2024年7月1日止，給予中國大陸公民免簽證入境待
遇，也造成許多中國人在疫情邊境解封後，從厄瓜多入
境再偷渡「走線」至美國境內[43]。

---

[42] "Governor Abbott Announces Migrant Bus Arrivals At Border
Czar Harris' Residence In Washington D.C.," Office of the Texas
Governor, Sept. 15, 2022. https://gov.texas.gov/news/post/
governor-abbott-announces-migrant-bus-arrivals-at-border-czar-
harris-residence-in-washington-d.c

[43] Gonzalo Soland and Didi Tang, "Ecuador stops waiving visas for
Chinese nationals because of an increase in irregular migration,"
Associated Press, June 19, 2024. https://apnews.com/article/ecuador-
china-visas-agreement-migration-5f44c3c0ad6bbb2b86aedb1e5a9798f3

　　民主黨支持者當然認為這些無證移民有權來美國尋求庇護（asylum），這也是美國法律所允許的範圍。不過，美國民眾對於龐大的無證移民進入美國，所造成的治安、販毒、經濟與社會問題，也多表達擔憂。移民問題在部分美國選民心裡甚至高過經濟與通膨的問題[44]。賀錦麗在拜登政府中主責移民問題，就目前的統計數字高達近千萬非法無證移民湧入美國，足以讓美國選民對賀錦麗執行政策的能力有所質疑。

❖ 外交深受牽連

　　拜登政府任期內，延續了歐巴馬政府注重多邊主義（multilateralism）的特質，強調與盟國合作應對中國大陸、俄羅斯等國的威脅與挑戰。川普則是續打「美國優先」（America First）與「讓美國再度偉大」（Make America Great Again）的孤立主義（isolationism），但不排除對中、俄等對手極限施壓。

---

[44] Tarini Parti and Michelle Hackman, "Why Immigration Is Now the No. 1 Issue for Voters," The Wall Street Journal, April 5, 2024. https://www.wsj.com/politics/elections/election-2024-immigration-issue-voters-84916a17

❖ 中國大陸問題

　　無論是民主黨或共和黨，兩黨目前對中國大陸的態度相當罕見地有共識，即是「一致抗中」。對中國大陸來說，不管是川普當選或是賀錦麗勝出，美國對中政策基調也不大幅度改變，「美中競爭」仍然會是主要的脈絡。所以誰當選對北京當局來說，並未有可以選擇的空間，只能被動接受結果[45]。若川普有第二任期的話，川普早已高調預告要對中國大陸徵收60%的關稅[46]。就川普在第一任期發動五波加徵關稅的舉動，千萬不能懷疑川普對中國大陸輸美商品祭旗的決心。川普加徵關稅的言辭不會是空話，中國大陸應該要從嚴、從長計議應對方式。

---

[45]　Yun Sun, "How China would tackle a second Trump term," The Brookings Institution, May 31, 2024. https://www.brookings.edu/articles/how-china-would-tackle-a-second-trump-term/

[46]　Ana Swanson and Alan Rappeport, "Trump Eyes Bigger Trade War in Second Term," The New York Times, June 27, 2024. https://www.nytimes.com/2024/06/27/us/politics/trump-trade-tariffs-imports.html

　　川普被認為是傾向「孤立主義」的外交政策模式，若川普選擇讓美國置身事外不過度涉入國際事務，這對中國大陸來說實為好事。川普對台灣目前是抱怨多於稱讚，他曾抱怨台灣搶走美國的晶片生意，又說美國是保險公司而台灣應付保費[47]。川普交易型的人格特質在這方面顯露無遺。另外，川普的競選搭檔范斯就中國大陸與台灣的議題受訪時曾表示，美國應採取「戰略模糊」（strategic ambiguity）的政策，盡可能讓中國大陸了解難以攻台，讓中國大陸為攻台付出極高代價[48]。台灣執政者則要擔憂川普與北京達成協議，這會大大損害台灣的主體性。

---

[47] Chris Buckley, "Trump Tells Taiwan to Expect a Higher Price Tag for U.S. Defense," The New York Times, July 17, 2024. https://www.nytimes.com/2024/07/17/world/asia/trump-taiwan-defense-chips.html

[48] "Our policy effectively is one of strategic ambiguity. I think that we should make it as hard as possible for China to take Taiwan in the first place, and the honest answer is we'll figure out what we do if they attack. The thing that we can control now is making it costly for them to invade Taiwan, and we're not doing that because we're sending all the damn weapons to Ukraine and not Taiwan."Ross Douthat, "What J.D. Vance Believes," The New York Times, June 13, 2024. https://www.nytimes.com/2024/06/13/opinion/jd-vance-interview.html

　　另一方面，賀錦麗在擔任拜登副總統前，僅擔任過4年聯邦參議員，對外交事務與中國大陸議題不熟。賀氏當時最常接觸的中國大陸議題，大概僅止於選區的舊金山中國大陸城、奧克蘭唐人街等地方性議題，賀錦麗的中文名也是拉近華裔選民認同感的方式。

　　就任副總統後，賀錦麗訪問亞洲4次，其中兩次為參加APEC峰會、東亞峰會（East Asia Summit）。賀錦麗在2022年APEC泰國峰會曾與中國大陸國家主席習近平短暫交談[49]，當年也是拜登上任後首次與習近平在G20印尼峰會親自碰面，加上2022年8月時任眾議院議長裴洛西（Nancy Pelosi）訪台，中共解放軍對台大規模軍演令美中關係相當緊張。

　　賀錦麗對中國大陸的立場，預計會延續拜登政府的政策，在經濟面不與中國大陸脫鉤而是去風險化、在兩國關係中不尋求衝突、肯定美中兩國領袖峰會成

---

[49] "President Xi Jinping Has a Brief Exchange with U.S. Vice President Kamala Harris," Ministry of Foreign Affairs of the People's Republic of China, Nov. 19, 2022. https://www.fmprc.gov.cn/eng/zy/jj/2022/cxesgjtytjhtg/202211/t20221119_10978079.html

效、確保台灣海峽和平與穩定等。對於香港與新疆，賀錦麗在參議員任內曾與佛羅里達州聯邦參議員盧比歐（Marco Rubio）共同提出並通過《香港人權與民主法》（Hong Kong Human Rights and Democracy Act of 2019）、《2020年維吾爾人權政策法》（Uyghur Human Rights Policy Act of 2020）。

賀錦麗的副手搭檔華茲與中國大陸往來有卅餘年時間，自1989年天安門事件不久後，華茲就到中國大陸一所高中任教，帶領美國高中學生前後訪問中國大陸30多次，連華茲夫婦的蜜月也是在中國大陸度過。華茲後來在擔任聯邦眾議員期間，關心中國大陸的人權事務並參加美國國會及行政部門中國大陸問題委員會（Congressional-Executive Commission on China, CECC），對西藏與香港問題感興趣，曾與達賴喇嘛與香港民運人士黃之鋒見面[50]。華茲雖熟知中國大陸，但在目前美國政壇跨黨派「一致抗中」的情況下，不見得會是加分，也再次看到美國國內政治氛圍影響對外政策的例子。

---

[50] Amy Qin and Keith Bradsher, "Tim Walz's Long Relationship With China Defies Easy Stereotypes," The New York Times, Aug. 11, 2024. https://www.nytimes.com/2024/08/11/us/tim-walz-china.html

❖ 盟邦不安

　　賀錦麗與川普兩人無論誰當選，都會令幾個特定的美國盟邦感到憂慮。2023年10月以色列遭到巴勒斯坦哈瑪斯組織的襲擊與綁架人質，以色列隨即對加薩走廊進行反攻。加薩走廊死亡人數逾4萬人[51]，流離失所者更逾百萬，以色列更發起斬首行動刺殺哈瑪斯政治局主席哈尼亞（Ismail Haniyeh）[52]。賀錦麗在拜登宣布退選後，與以色列總理納坦雅胡（Benjamin Netanyahu）於華府見面時，呼籲納坦雅胡結束以哈戰事。賀錦麗認為以色列有權自衛，但如何自衛很重要，不能麻木不仁地看著加薩走廊發生嚴峻的人道主義局勢，希望以色列能與哈瑪斯達成停火協議。

---

[51] Wafaa Shurafa and Julia Frankel, "More than 40,000 Palestinians have been killed in Gaza, the territory's Health Ministry says," Associated Press, Aug. 16, 2024. https://apnews.com/article/gaza-death-toll-hamas-war-israel-40000-32a79e03c8eb62669412dab23d03219e

[52] Ronen Bergman, Mark Mazzetti and Farnaz Fassihi, "Bomb Smuggled Into Tehran Guesthouse Months Ago Killed Hamas Leader," The New York Times, Aug. 1, 2024. https://www.nytimes.com/2024/08/01/world/middleeast/how-hamas-leader-haniyeh-killed-iran-bomb.html

　　賀錦麗意在爭取美國極左派的選民，因為他們對拜登提供以色列軍援打擊哈瑪斯所造成的人道危機、導致無辜平民喪命感到不滿，令賀錦麗調整對以色列的態度。這又是父子騎驢的狀況，賀錦麗因此舉也令多數支持以色列的美國選民不滿，而且更引起以色列國內強硬派抨擊賀錦麗的停火呼籲，稱賀錦麗要以色列與哈瑪斯達成停火，等同要以色列向恐怖組織哈瑪斯投降[53]。賀錦麗被迫調整論述，並讓副總統的國安顧問高登（Phil Gordon）出面澄清賀錦麗不支持對盟邦以色列實施武器禁運[54]。賀錦麗也在挑選副手搭檔時，終究排除了立場較為支持以色列的賓州州長夏皮洛（Josh Shapiro）[55]。

---

[53] "Israeli hardliners lash out at Harris' call for cease-fire," Voice of America, July 26, 2024. https://www.voanews.com/a/israeli-hardliners-lash-out-at-harris-s-call-for-cease-fire-/7714200.html

[54] "Harris adviser denies support for cutting off weapons transfers to Israel," Al Jazeera, Aug. 8, 2024. https://www.aljazeera.com/news/2024/8/8/harris-campaign-denies-support-for-cutting-off-weapons-transfers-to-israel

[55] Michelle L. Price and Maryclaire Dale, "Some Democratic backers of Josh Shapiro see a missed chance for a Jewish vice president," Associated Press, Aug. 7, 2024. https://apnews.com/article/josh-shapiro-kamala-harris-2024-election-7e42524d4fc2a7105647ad13d9b873b9

　　川普若再次當選，盟邦如日本、韓國，以及北約對川普也有類似的關切。川普在前次總統內任強烈要求日本、韓國、北約增加軍費，維持自己防衛國家安全的能力。若川普重返白宮，或許會再次要求盟邦提高軍費。以日本為例，國防預算已預計從GDP的0.5%提升至2%，川普當選後可能要求日本提高至3%[56]，這將讓日本成為世界上軍事支出第二大國，僅次於美國。日本企業也認為川普會對日本製造的商品貨物加徵關稅，較支持賀錦麗當選的穩定商業氛圍[57]。韓國同樣也擔川普上任後，會要求韓國增加國防預算[58]。畢竟川普第一任期內曾要求韓國分擔駐韓美軍等相關費用，要韓國國防預算提高至9億美元。

---

[56] Keita Nakamura, "FOCUS: Eyeing "if Trump" scenario, Japan must commit to its own defense," Kyodo News, Jan. 1, 2024. https://english.kyodonews.net/news/2024/01/5ed437d606eb-focus-eyeing-if-trump-scenario-japan-must-commit-to-its-own-defense.html

[57] Kiyoshi Takenaka, "Japan firms see Harris presidency as better for business than Trump, Reuters survey shows," Reuters, Aug. 15, 2024. https://www.reuters.com/markets/asia/japan-firms-see-harris-presidency-better-business-than-trump-reuters-survey-2024-08-14/

[58] Lee Hyo-jin, "Korea likely to face higher defense cost pressure if Trump is re-elected," The Korea Times, https://www.koreatimes.co.kr/www/nation/2024/08/113_378847.html

　　至於北約，仍處在俄烏戰爭的前緣，更是擔心川普對俄烏戰事的支持程度與看法。北約與歐洲各國駐華府大使在每月早餐聚會，已經開始詢問同樣的問題「我們準備好迎接川普回鍋了嗎？」亦或是要等到川普重返白宮後，在對他提出的歐洲政策，以及應對俄烏戰事真正作為再做回覆[59]。歐洲各國在首次川普任期並未準備好，但這次也有同樣的憂慮。川普核心圈策士對北約的看法，或讓川普採取「休眠北約」（Dormant NATO）政策[60]。但若川普領導下的美國減少其扮演的角色，那麼歐洲還有哪國能帶領北約對抗俄國呢？畢竟川普從不掩飾要結束美國對烏克蘭的經濟與軍備援助。歐洲各國與北約盟邦一定會嘗到川普第二任期孤立主義的苦果。

---

[59] Paul McLeary, Christoph Schiltz, Stefanie Bolzen, Jacopo Barigazzi, and Philipp Fritz, "The world wasn't ready for Trump in 2016. It's not making that mistake this time," POLITICO, July 7, 2024. https://www.politico.com/news/2024/07/07/nato-prepare-trump-2024-00165522

[60] Steven Pifer, "Could NATO survive a second Trump administration?," The Brookings Institution, June 25, 2024. https://www.brookings.edu/articles/could-nato-survive-a-second-trump-administration/

肆、裂痕逐漸擴大的美國仍能偉大？

美國國內政治影響外交的例子不勝枚舉，事實上，大部分民主國家與政體也都會遭遇到類似的問題。但為何美國內外牽制的政策對全世界的影響最大？原因無他，正因為美國仍是世界上第一大經濟體、軍事第一強國、美式文化輸出對全世界影響的層面也最廣、最深。

在政治領導層面：美國的偉大與其領導者息息相關。無論是現任或前任美國總統，他們的政策、決策和領導風格都會影響國家的發展。川普提出「讓美國再次偉大」的口號，就是理解到美國國力有所衰退，鼓勵選民投票給他，藉由他的領導才能重振雄風。不過，無論川普與賀錦麗當選，要是無法有效團結美國國內政治分歧，成效難免不彰。

在經濟實力方面：美國作為全球最大的經濟體，其經濟實力對其偉大至關重要。經濟增長、就業機會、創新和科技發展都是衡量一個國家偉大的重要指標。尤其現在美、中兩國分別為世界第一、第二大經濟體，美中關係不穩定，又美國持續對中國大陸去風險化的作法，在經濟全球化的整合前提下，都對全世界的經濟穩定性造成影響。

在文化和價值觀面向：美國的文化多樣性和價值觀是其強大的一部分，美國究竟是民族大熔爐，由移民所組成的社會。這不僅代表美國文化獨特地多樣性，也某種程度上呈現了美國對不同文化的包容性。吸引全球頂尖人才為美國效力。再者，言論自由、民主制度、人權和平等等普世價值觀，塑造了美國在世界各國領導的道德高度。

在國際地位而言：美國是聯合國安全理事會常任理事國，加上在印太地區就有日、韓、菲、泰、澳、紐等六個條約盟邦，在歐洲地區也是北約組織的領頭羊。美國在國際事務中的角色也影響其偉大。美國外交政策、國際合作和全球領導地位都是美國仍能維持強大的重要因素，因此美國不能過度獨善其身，任由孤立主義掛帥，甚至放棄領導世界的特權。因為這將造成國際秩序的真空，讓中等國家無所適從。

　　最後，美國政治還有一項重要特質，就是美國懂得「自省」（self-reflection）。這種自省的能力與後續改進的動力，也是驅使美國仍能強大的關鍵。雖然美國的政治激化讓美國自省能力打了折扣，或是矯枉過正，但從柯林頓總統任內與白宮實習生緋聞事件特別檢察官制度的風波、小布希與高爾（Al Gore）2000年總統大選計票爭議等事而論，這個自省能力短期內可能無法大幅影響美國政治及政策，但在長期確實讓美國朝野回歸政治正常的基本面。不過，雖然美國在可預見的未來仍會強大，但由複雜的內政引發出的外交政策制定或調整，會讓美國外交的內容和可靠性略打折扣。

何為美國價值？
如何理解這場跨越世紀的
美國文化戰爭

IIIIIIIIIIIIIIIIIIIIIIIIIIIIIIIIIIIIIIIIIIIIIIIIIIIIIIIIIIIIIIIIIIIIIIIIIIIIIIIII

希家玹

（國立中山大學社會科學院亞太事務英語碩士學程助理教授）

95年畢業於香港大學美國研究學程，是第一位港人獲取富布賴特交換獎學金到美國威廉瑪麗學院深造。97年完成美國研究的碩士學位，2007得美國歷史學博士學位。現任教於國立中山大學社會科學院亞太事務英語碩士學程。

簡　介

　　美國價值是一個經常聽見的名詞，可是美國經過了兩百多年的歷史，共和黨和民主黨已經把美國價值分裂成左派和右派的兩種論述。共和黨代表右派，民主黨代表左派，左右派於社會議題、經濟政策、政府角色、家庭價值等分歧越來越大，結果成了為嚴重的兩黨相爭，令議會內常常意氣用事，妨礙國家正常運作。這分裂的美國價值更影響到國民為左右派，引發越來越多的種族沖突。

壹、引言

　　要了解美國面臨的問題，文化戰爭是關鍵議題。布賴特巴特（Andrew Breitbart）在2008年曾說過：「政治是從文化中流出的。」他警告保守派：如果他們繼續在文化戰爭中失敗，如果他們將教育、新聞和娛樂的信息讓給左派的話，那麼他們無法在政治戰爭中持續獲勝[1]。布賴特巴特的觀點提示了大家：誰在這場文化戰爭中取得優勢，誰就有能力塑造美國的未來。如今美國內部存在著嚴重對立與分歧，兩黨之間的對抗情緒激烈，社會資源也在不斷地在消耗。經濟和生產力的萎縮以及巨額債務使國家和人民面臨嚴峻挑戰。左派提倡以進步主義、覺醒觀點和社會正義來改變這頹勢；但保守派卻主張回歸傳統和美國優先才是解決之道。隨著國會和總統選舉的臨近，兩派必會提出各自的議題和解決方案爭取支持，使戰況更加激烈。選舉就是為了能爭奪定義何為美國價值的最終的話語權。要

---

[1] Lawrence Meyers, "Politics Really is Downstream from Culture," *Breitbart*, August 22 2011, https://www.breitbart.com/entertainment/2011/08/22/politics-really-is-downstream-from-culture/.

深入理解這場選舉，就要先知道文化戰爭對美國
政治和社會發展的影響，必須探明文化戰爭所用
的策略、武器和戰爭的場地，瞭解其破壞力。本文
也希望能幫助關心美國社會的華人能夠更清晰地辨
別這場文化戰爭中的起因、價值觀的爭議點，使未
來想送孩子出國讀書的家長、計劃在美國投資的大
老闆、以及想移民美國的科技專業人士可以有所準
備，避免踩到文化地雷。

貳、文化戰爭的成因

這場跨世紀的文化戰爭成因複雜，涉及多方面
因素。其中包括美國獨立戰爭的歷史、共和國與民
主體系的建立、美國內戰的慘痛經歷、白人對有色
種族的歧視、新移民對傳統文化的衝擊，以及冷戰
時期的諜對諜餘毒等。這些歷史背景和社會現象與
二十世紀末的文化戰爭關係密切。

一、美國獨立戰爭的歷史和憲法

美國是由外國移民所建立的，原住印第安人已被邊緣化。法國學者托克維爾曾疑惑，這個由移民組成的新國家能夠維持多久[2]。華盛頓總統稱美國為「偉大的實驗」，問道建國初心是否能持續，並抵擋歐洲列強的挑戰。

建國先賢設計的民主體制和憲法旨在保護少數人的權益，避免多數人的侵害。透過聯邦體制和法治，設計了「制衡」模式，以維持社會穩定發展。這套體制經歷了248年的運行，面對過二次革命、南北戰爭以及多次經濟社會危機，顯示出其韌性。新移民需在滿足居住要求後，宣誓效忠憲法、遵守法律、履行公民責任（如繳稅、參與陪審團）才能獲得公民身份及選舉權。儘管強調宗教自由和政教分離，這套共和體制的設計仍根植於基督教教義和聖經理念，並被視為美國立國的基礎。

---

[2]　亞歷克西・德・托克維爾（Alexis de Tocqueville）在他的名著《民主在美國》（De la démocratie en Amérique）中以深入且批判性的視角，探索了美國民主體系的優勢和潛在問題。他的觀察和質疑不僅涉及到民主制度的運作，也關注了如何在保持自由和民主的基礎上避免其潛在的缺陷，值得參考。

二、美國內部種族、經濟、社會和文化衝突

　　美國作為移民社會，種族和文化衝突自建國以來就未曾間斷。1860年的內戰雖以解放黑奴為主調，但戰後種族歧視問題更為嚴重，許多地區實施吉姆・克勞法來隔離黑人。19世紀末的鍍金時代亦充滿利益不公和腐敗，愛爾蘭白人新移民受到排擠，亞洲移民遭受歧視，尤其是華人。儘管華人對建造橫貫大陸的鐵路系統有巨大貢獻，但1882年的《排華法》禁止華人勞工入境或申請成為公民。婦女則長期未獲投票權，社會地位低於黑人。

　　在這種背景下，進步時代（1900-1929）推動了社會和政治改革，包括反壟斷法、監管機構的建立和社會福利計劃的實施，並在1920年通過第19條修正案賦予婦女投票權。然而，種族、經濟、社會和文化衝突仍困擾美國，保守派以美國成長為驕傲，而進步主義者則要求經濟改革和權益重新分配，顯示出對美國發展的分歧和爭議。

三、兩黨政治與新左派運動

美國的兩黨政治與新左派運動息息相關。美國民主機制使選民能通過選舉代表來推動政治革新。即便在經濟大蕭條（1929-1933）時期，在民主黨的羅斯福總統的領導下，因其受到左派經濟思維的影響而推出了「新政」，通過支持工人、創造就業機會和提供社會保障等措施，推動了「進步主義」，暫時緩解了經濟困境。然而，南部地區的右翼民族主義者和極端保守派如「三K黨」卻開始活躍起來。隨著左派和右派在兩黨政治中逐漸分化，出現了支持者的大規模轉移，南部的保守白人轉向共和黨，而原本支持共和黨的黑人則轉向民主黨[3]。這一轉變確定了左派支持民主黨、右派支持共和黨的格局，間接影響後來的文化戰爭中兩黨所選的政治立場。

學者一般將美國文化戰爭的開始點設定在80年代，即共和黨總統候選人羅納德·里根當選後，保守主義興起的時期。那時，基督教保守派代表反對墮

3　William E. Leuchtenburg, *Franklin D. Roosevelt and the New Deal, 1932-1940* (New York: Harper Perennial, Illustrated edition, 2009).

胎、同性婚姻及學校教育中的「進步價值觀」。右派
的挑戰也引發了關於社會支出和放鬆管制的辯論。然
而，從歷史角度看，這場跨世紀的文化戰爭的真正起
點應該是60年代的「反文化運動」：黑人解放運動、
女性解放運動、同性戀解放運動和學生激進分子運
動。由於這些運動都受了共產主義的影響，故被稱為
「新左派」，目的是要衝擊並推翻一直主導美國社會
的文化規範[4]。保守派的反擊旨在保護家庭並挽回被左
派破壞的社會秩序和傳統價值觀。自80年代起，各派
積極拉攏意見相近的政客，政黨政治則配合以提高影
響力，導致兩派在價值觀上的分歧擴展至政治、教育
和經濟政策層面。兩派建立了支持自己觀點的政治、
經濟、文化及宗教聯盟。

---

[4]　Andrew Hartman, *A War for the Soul of America: A History of the Culture Wars* (Chicago, IL: University of Chicago, 2015).

四、蘇聯顛覆模型論

　　許多學者在分析文化戰爭因由時未充分考慮蘇聯在冷戰期間試圖顛覆美國社會的議題。雖然這一點難以證明，但右派受麥卡錫主義影響，重視國家安全，自然會相信美國與蘇聯的互相滲透。今日，右派人士推崇舒曼（Tomas David Schuman），即別茲梅諾夫（Yuri Bezmenov）的見證和警告。別茲梅諾夫自稱是蘇聯KGB在印度的新德里代表，1969年叛逃西方。1984年，他接受G. Edward Griffin的訪問時表示，KGB會通過使美國內部問題惡化、製造對立來顛覆美國政治體系。他形容這種策略為順勢而為、借力打力的日本柔道術，並指出顛覆者可以是交換生、外交官、演員、藝術家、記者或教授。他特別提到，美國自由開放的社會容易被敵人滲透和顛覆[5]。

5　這此訪談的原片是Nicholas Marshall,"FULL INTERVIEW with Yuri Bezmenov: The Four Stages of Ideological Subversion (1984)," YouTube, August 23 2020, Video, 1:21:16, https://www.youtube.com/watch?v=yErKTVdETpw.

　　在許多次的演講中，別茲梅諾夫詳細介紹了蘇聯顛覆世界各國的四個階段。第一階段是「去道德化」，目的是在15至20年間影響六大領域：宗教組織、教育系統、社會生活、行政系統、執法系統（含軍事系統）和勞工關係。蘇聯特工會滲透社會運動，招募顛覆的「潛伏者」。第二階段是「不穩定化」，在這六個領域中，潛伏者激化人際矛盾，擴大仇恨，並成為各種團體和政治活動的領袖，獲得資金支持。第三階段是「製造危機」，即在短時間內使國家陷入危機，導致暴力的政權和結構變革。第四階段是「正常化」，通過武力使國家穩定，清除潛伏者、活動家、自由主義者等[6]。別茲梅諾夫警告說，大多數美國人認為自己生活在和平時期，但實則美國正處於一場未宣戰的全面戰爭中，這場戰爭針對的是美國的基本

6　對與蘇聯滲透的方式，別茲梅諾夫多次在美國巡迴演講。其中一次的原片是也可在YouTube找到，已經有超過四百萬的閱讀量。Amit Sengupta, "Understanding the Political Scenario of INDIA,CANADA,JAPAN,CHINA,USA, FRANCE etc," YouTube, January 9 2020, Video, 1:03:47, https://www.youtube.com/watch?v=Y9TviIuXPSE.

原則和基礎[7]。他在1984年就預言，蘇聯特工埋下的文化地雷將在不久的將來全面爆發。

　　當然，作為一個叛逃者，別茲梅諾夫對蘇聯KGB工作的描述可能不完全正確，他也可能是危言聳聽。然而，他提出的「蘇聯顛覆模型」卻被右派視為珍寶。至今，許多右派人士認為這模型可以解釋六、七十年代美國社會的動盪，也解釋了為什麼蘇聯解體後，共產思想依然存在，並且勢力不斷擴張，或許正是這些「潛伏者」的工作。這模型也被美國軍校用來分析歷史事件[8]。如果別茲梅諾夫的說法受到右派和反共主義運動者的信任，並深刻影響了右派領袖和學者，那麼右派對左派的極度不信任和敵視也就不言而喻了。他們以此模型解釋左派的得勢原因，並相信自己的反擊是在保護美國的傳統社會和文化，免受左派的顛覆。

[7]　Paul Ratner, "39 years ago, a KGB defector chillingly predicted modern America," BIG THINK, first published on Big Think in July 2018. It was updated in January 2023, https://bigthink.com/the-present/yuri-bezmenov/.

[8]　Graham H. Turtiville, Jr., *Russian Special Forces: Issues of Loyalty, Corruption and the Fight Against Terror*, Joint Special Operations University, JSOU Pamphlet 05-1 (Hurlburt Field, Florida: The JSOU Press, 2005), 225.

參、何謂美國價值之爭

　　即使不考慮蘇聯顛覆模型，這場跨世紀的戰爭仍顯示出美國內部的深刻矛盾。一方面，左派對美國未能成為理想的烏托邦而感到不滿和憤怒，努力推廣進步主義改革，希望喚醒美國人民支持變革；另一方面，右派則堅守傳統價值觀和道德信仰，致力於保護現有的社會結構。表一簡要列出了傳統美國價值觀與左右派價值觀的異同。從攻防角度看，左派主要從四個方面挑戰傳統價值觀：經濟政策、社會議題、政府角色和基督教的道德觀。

經濟政策	右派支持自由市場經濟，主張減少政府干預，推動減稅和縮減政府開支以促進經濟增長和提高個人自主權。左派則認為政府應在經濟和社會領域發揮積極作用，包括提供公共服務（如醫療保健和教育），制定社會福利政策，並強調環境保護和永續發展，支持政府推動環保政策和應對氣候變化。
社會議題	右派重視法律和秩序，主張強有力的執法和刑事司法系統以維護社會安全。左派則對執法者持懷疑態度，認為警察有種族歧視傾向，主張社會改革以消除歧視，推動性別平等和LGBTQ+權利，強調文化多樣性和包容性。

政府角色	右派強調國家安全，支持增強軍事力量和強化國防，提倡愛國主義和對國家象徵的尊重。左派則對軍事干預持批評態度，主張以和平和對話為基礎的外交政策，鮮談愛國主義，有時甚至拒絕對國旗和國歌致敬。

❖ 基督教的道德觀

　　對於許多右派人士來說，基督教是美國立國的根基。基督教的聖經教義幫助塑造了早期的政府和憲法，並建立了第一所大學，是社會道德和施政的基礎。右派基督徒以福音教派為主，強調以聖經為本，將拯救靈魂視為重中之重，因此大力反對墮胎。左派則以世俗主義為是，提倡信仰自由和多樣性，並支持墮胎。左派基督徒多崇尚自由神學，為社會福音的繼承者。他們不會將宗教信仰視為道德和政治的核心，而是以顛覆傳統來改變美國的面貌。

表一：傳統的美國價值與左派和右派的比較

左派的美國價值	傳統的美國價值	右派的美國價值
政府干預 政府應該在經濟和社會領域發揮積極作用，以確保所有人都有基本的生活保障和公平的機會	**個人自由與權利** 言論自由、宗教自由和追求幸福的權利，受到憲法的保護	**個人自由與自主** 個人應該能夠自由決定自己的生活方式和經濟活動，盡可能減少政府對個人的干預
民主參與 鼓勵擴大民主參與，推動選舉改革、提高選舉透明度和增加選民的參與機會	**民主制度** 允許公民參與政府決策、通過選舉選擇代表	**有限政府** 政府的職能應該受到限制，支持減少政府開支和縮減政府機構，提高政府效率和促進個人責任
社會公正 強調公平和正義，幫助弱勢群體，包括低收入家庭、少數族裔和其他邊緣群體，以促進機會平等	**法治** 所有人應該遵守法律，而法律應該公平、公正地執行，並保障每個人的權利	**法律與秩序** 支持強有力的執法和司法系統，以維護社會秩序和公共安全，支持增加執法資源和刑罰

左派的美國價值	傳統的美國價值	右派的美國價值
經濟公平 提高富人稅收和推行進步稅制，以減少貧富差距。提高最低工資和改善工人待遇	**機會平等** 每個人在教育、就業和其他社會領域都應能夠獲得公平的機會	**傳統文化與價值** 支持維護文化遺產和傳統的社會規範，維護穩定的社會秩序
社會進步 重視社會改革，支持包括性別平等、LGBTQ+權利、種族平等和移民權利	**個人主義** 強調個人責任和自我實現，承擔自己行為的後果	**國家安全** 支持增強軍事力量和保護國家邊界，主張採取果斷的安全政策
環境保護 強調環境保護和可持續發展，鼓勵使用可再生能源和推動環保政策	**企業精神與創新** 高度重視創新和企業精神，鼓勵創新思維	**市場經濟** 認為市場力量和競爭是經濟增長和繁榮的主要驅動力，反對過多的政府干預，支持減稅和放鬆管制

左派的美國價值	傳統的美國價值	右派的美國價值
公共衛生和教育 重視公共衛生和教育系統的改革，支持擴大公共醫療保健的覆蓋範圍，幫助對貧困地區	**家庭價值** 被視為社會的基石，應尊重長輩、關愛子女和支持家庭成員	**家庭價值觀** 重視婚姻和家庭的穩定性，支持政策和措施以促進家庭結構的完整和傳統家庭角色的維護
全球視野 關注國際間的合作和人權，並希望美國在國際舞台上扮演積極的角色、批判與改革	**愛國主義** 對國家的熱愛和忠誠反映在對國旗、國歌和國家歷史的尊重	**愛國主義** 認為應該維護國家利益和尊重國家象徵，如國旗和國歌
世俗主義 信仰自由和多樣性、支持墮胎、不會將宗教信仰視為其道德和政治觀點的核心	**基督教道德觀** 主張信仰自由、政教分離、受聖經價值觀影響	**基督教道德觀** 反對墮胎、信仰自由、以聖經價值觀為主

一、爭奪塑造國家未來的權力

撇開冷戰顛覆模型，單從美國內部發展來看，兩派都希望將自己的價值觀實現在國家政策中。亨特在1991年出版的《文化戰爭：定義美國的鬥爭》中，探討了右派的正統文化與左派的進步文化在美國公共生活中的定義爭奪。他提出，正統派認為道德真理是靜態和普遍的，並通過神聖力量得到認可，這凸顯了宗教對右派的重要性。而左派的進步主義則認為道德真理是演變的，並會按具體情境而發展，他們不願停留在過去的規範中，這是一種反傳統的觀點[9]。因此，在這場跨世紀的文化戰爭中，兩派爭奪在美國社會、治理機構和文化發展上的主導地位。這種「贏者全拿」的衝突感可能會嚴重損害國家的未來發展，並違背美國民主的本意。

在經歷了二十年的爭鬥後，許多學者發現兩派之間的分歧越來越大。特別是2008年的全球金融風暴後，經濟和社會問題積壓如山，原本期待兩黨合作處

---

[9]　James Davison Hunter, *Culture Wars: The Struggle to Define America* (New York: Basic Books, 1991).

理問題的美國人卻發現，左右兩派已經無法互信，也不願合作。社會心理學家海特在《正義的心靈：為什麼善良的人在政治和宗教上會分歧》中嘗試解釋，分歧的起點在於道德直覺。人們的行為往往基於瞬間的感知，這些感覺漸漸演變為在人心中的不證自明的真理，使得人們相信持不同觀點的人都是錯誤的。

海特通過結合人類學、社會學和歷史的研究，成功描繪了道德領域的地圖，認為保守派在導航這張地圖上比自由派更擅長。由於人類具有強烈的群體性，往往通過歸屬不同的派別、宗教和政治團體來尋找自己的歸屬感[10]。海特的研究讓筆者意識到，雙方的觀點其實都有其正確之處，值得相互思考、討論和接納。然而，在感知的驅使下，真正的對錯被相對的感覺所取代，視對方為錯誤。海特解釋並提醒讀者，一個國家的建立與發展需要不同派別和主張來融合眾人的想法和需求。文化戰爭的惡果就是讓兩派難以融合，影響到整個國家的未來。

---

10 Jonathan Haidt, *The Righteous Mind: Why Good People Are Divided Politics and Religion* (New York: Vintage Books, 2013).

二、以棘輪理論和滑動擺理論來看左右派在文化戰爭中的得失

　　在理解美國文化戰爭的發展時，棘輪理論解釋了左派在推進社會改革（如墮胎權和同性婚姻）方面的成功。根據這一理論，改革一旦實施，就如同棘輪的齒輪一樣，難以逆轉。左派在每項改革成功後迅速轉向下一項，保持改革的連續性和勢頭。例如，二十一世紀初，左派首先推動同性婚姻合法化，隨後迅速轉向推動跨性別權益。

　　滑動擺理論則提供了另一視角。這一理論認為，美國選民通過在各政黨之間切換權力來保持政治平衡。左右派爭執的結果是左派推進改革往前兩步時時，右派會反擊，使局面退回一步[11]。例如，在1994年共和黨在國會選舉中勝利後，對克林頓總統施壓，使他簽署了《婚

---

[11] Jeanne Ives, "The Pendulum Is Swinging in the Cultural War," *Breakthrough Jeanne Ives*, May 23 2024, https://www.break-through-ideas.com/watch-listen/reveille/the-pendulum-is-swing-ing-in-the-cultural-war.

姻保護法》和《福利改革法》[12]。儘管共和黨在90
年代取得勝利，這些勝利卻未能持久。《婚姻保護
法》在2015年被推翻，右派對同性婚姻的反擊未能
逆轉。《福利改革法》在歐巴馬任期內也被逆轉，
政府規模繼續擴大，國家債務持續上升。川普上台
後也無法完全撤銷《平價醫療法》或完成建造邊境
高牆[13]。

　　因此，雖然右派支持的共和黨有時能在施政上
取得勝利，但這些勝利往往未能持久。每當左派支
持的民主黨再次執政時，新政策就會被實施，使棘
輪理論再次發揮作用。即使最高法院在2022年推
翻了《羅訴韋德案》，這場戰鬥卻擴大了。左派迅

---

[12] William Jefferson Clinton, *"State of the Union Address," The White House*, January 23, 1996, https://clintonwhitehouse4. archives.gov/WH/New/other/sotu.html.

[13] Christopher Giles, "Trump's wall: How much has been built during his term?" *BBC*, January 13, 2021, https://www.bbc. com/news/world-us-canada-46748492.

速反擊：拜登總統提出改變最高法院組成的提
案[14]，地方自由派勢力也積極影響州政府，推動
合法墮胎法例，使保守派控制的地區面臨更大
挑戰[15]。如此看來，在文化戰爭中左派是佔上風
的，他們成功的秘訣是什麼？

---

[14]　Mallory Waligora, "Biden proposes Supreme Court reform,"
　　　The Oakland Post, August 14, 2024, https://oaklandpostonline.
　　　com/50009/politics/biden-proposes-supreme-court-reform/.

[15]　"Tracking abortion laws across the United States," *The
　　　Guardian*, July 29 2024, https://www.theguardian.com/us-
　　　news/ng-interactive/2024/jul/29/abortion-laws-bans-by-state.

肆、文化戰爭的策略、手段和武器

　　左派推進議題的成功秘訣包括使用奧威爾模式（Orwellian）的手法（看表二），這些方法也可能被右派使用，但左派在運用上相對成功。奧威爾模式的核心包括操縱真相、監控和壓制言論自由。具體策略包括：

1. **設立「真理部」**：此部門負責更改歷史記錄和散播宣傳。例如，當權派可能設立假信息治理委員會（Disinformation Governance Board），用官方標籤壓制敵對言論。

2. **「記憶洞」**：通過有策略地銷毀或更改文件和記錄來符合官方敘事，需要媒體配合，試圖讓公眾忘記舊事實。

3. **「新話」**：政權創造受控語言以限制思想和表達自由，左派常用此手法重新定義詞語。滑動擺理論解釋，左派利用「雙重語言」和「奧弗頓窗口」來逐步正常化顛覆性觀點。「奧弗頓窗口」指的是公共話語中可接受的思想範圍，通過在邊界位置提出顛覆性觀點，使其逐漸被接受。例如，左派將特定觀點（如同性戀故事）融入娛樂節目，以促使這些觀點正常化。

表二、文化戰爭中會常出現的策略和手段（不限於美國）

策略名稱	意思解讀
奧威爾式 Orwellian	用來描述那些行為、政策或社會狀況，類似於喬治·奧威爾（George Orwell）在其反烏托邦作品中，特別是《1984》描繪的極權主義和壓迫性特徵。
雙重語言 Doublespeak	這不是《1984》小說中的術語，但設計上與新語（Newspeak）相似。該術語指故意使用模糊或矛盾的語言來掩蓋或扭曲真相，使人們難以理解或挑戰政治家的言論。
奧弗頓窗口 The Overton window	一個描述在特定時間內公共話語中被認為可接受或主流的思想和政策範圍的概念。它代表了被認為政治上或社會上可接受的界限，並隨著時間的推移而變化，因為新思想變得更多或更少被接受。
推進邊界 Pushing the envelope	提出一個具有顛覆性的觀點，這個觀點剛好位於奧弗頓窗口的左側，以此來使該立場正常化。一旦這個觀點被正常化，它將不再被視為奧弗頓窗口的邊緣。因此，這個過程會在奧弗頓窗口的新邊緣上重複進行。

策略名稱	意思解讀
超越 Supersession	當奧弗頓窗口向左移動到一定程度，使得曾經顛覆性的觀點現在已經超出新奧弗頓窗口的右邊緣。
取消文化 Cancel culture	對於公眾人物或實體的意見或行為撤回支持或呼籲抵制的做法，通常會導致嚴重後果。這些被取消的意見通常是大部分普通民眾所認同的，但被強烈批評者認為不可接受。
沉默螺旋 Spiral of Silence	一種社會現象，個人在認為自己屬於少數意見時，因害怕被孤立或反彈而不表達意見。這種沉默強化了主流觀點，形成一個反饋循環，使持不同意見者越來越邊緣化，並且更不可能發聲。
人身攻擊 Ad Hominem Attack	攻擊對方的個人特徵或品格，而不是對方提出的論點。這種攻擊方式試圖通過貶低對方的人格或動機來削弱或否定他們的觀點，而不是對論點本身進行理性辯論。例如，如果在辯論中，某人因為對方的背景或私人生活進行人身攻擊，而不是針對對方提出的具體觀點或證據進行回應。

策略名稱	意思解讀
人造草根運動 Astroturf	一種策略，其中組織或個人創造虛假的草根支持或反對印象，通常是為了操縱公共輿論或影響政策。

在文化戰爭中，消滅敵方的文化和聲音是最大勝利。對敵方領袖進行「人身攻擊」、呼籲抵制敵方意見或撤回支持，都會對敵方施加壓力，使他們因害怕反彈或懲罰而壓制言論。這種壓制效應因界限不明而擴大，導致人們完全避免爭議性話題。在 YouTube 等平台上，「意見貨幣化」（就是宣傳自己意見賺錢）策略使創作者自我審查，以免失去流量收入。這會引發「沉默螺旋」現象：少數意見者因害怕孤立而不表達意見，進一步強化主流觀點，形成反饋循環，使不同意見者越來越邊緣化，發聲機會減少。

另一種策略是「人造草根運動」，通過精心策劃的行動讓某些問題或原因看似擁有廣泛的自發支持。這類運動通常使用黑錢來資助活動，確保匿名，並推動強大利益驅動的敘事，隱藏真正動機。近期的例子包括黑命貴運動，其背後有一個協調良好的激進團體和捐助者網絡[16]。草根運動的初期，許多激進者受到了阿林斯基的影響，他在《激進者的規則》中教導如何在基層活動中設計對抗策略，以挑戰既有權力結構並推進進步議題[17]。

左派在推進議題時通常遵循一套有效的標準化步驟，以促使議題被大眾接受。以跨性別權利為例，這些步驟包括：

1. 強調跨性別者有存在的權利，儘管不必同意他們的生活方式。

2. 請使用他們的代詞，這是一種禮貌。

3. 不使用代詞可能會面臨失業或在某些地區的法律懲罰（如英國或加拿大）。

4. 支持跨性別孩子的身份。

5. 支持未成年人進行性別變更手術。

---

[16] Tatum Hunter, "25 Companies That Support Black Lives Matter (BLM): Lasting change will require more than statements of support," *Builtin*, 21 September 21, 2023, https://builtin.com/diversity-inclusion/companies-that-support-black-lives-matter-social-justice.

[17] Saul D. Alinsky, *Rules for Radicals: A Practical Primer for Realistic Radicals* (New York: Vintage, Reprint edition, 1989).

6. 如果你的孩子想進行性別變更，你無權阻止，且可能會面臨干預孩子自身意願的指控。

通常，左派成功推進至第4、5、6點時，右派才會反擊，雙方在文化、娛樂、教育和政府領域展開激烈辯論。誰掌握話語權，誰就能順利推動自己的議題。

最令原本對政治不太熱衷的基督徒都感到震驚的，是一張將十字架浸入藝術家尿液中的照片，該作品被稱為《尿中基督》，引發了極大的反彈和爭議。由於這件由塞拉諾（Andres Serrano）於1987年創作的作品曾獲得聯邦政府的補助，就激起了右派的憤怒，他們向政府施壓，成功縮減了對國家藝術基金的經費[18]。這件事成為90年代文化戰爭升級的導火線。

同時，後現代主義的興起也動搖了美國思想的基礎。美國哲學家詹姆斯（William James）提出了反基礎主義的主張，認為「真理」只是我們思考方式中的

---

18 Hartman, "A War for the Soul of America," 1-2.

方便，正如「正確」只是我們行為方式中的方便[19]。保守派歷史學家希默爾法布（Gertrude Himmelfarb）反駁說：「現代主義的野獸已變異為後現代主義的野獸，相對主義變成虛無主義，無道德變成道德淪喪，非理性變成瘋狂，性變態變成多形性變態[20]。」保守派法學家羅伯特・伯克（Robert Bork）也表達了類似的看法，認為「墮落的荒野之獸，長久以來逐步發展，在過去三十年達到成熟，現在正把我們帶向新的家園，不是伯利恆，而是俄摩拉[21]。」

布坎南（Patrick Buchanan）在1992年的共和黨全國大會中宣告要爭奪美國的靈魂。他演說的主題是「文

---

[19] Heidi White, "William James's Pragmatism: Ethics and The Individualism of Others," *European Journal of Pragmatism and American Philosophy* 2, no.1 (2010), https://doi.org/10.4000/ejpap.941.

[20] Keith Windschuttle, "Gertrude Himmelfarb the Enlightenment," *The New Criterion*, February 2020, https://newcriterion.com/article/gertrude-himmelfarb-the-enlightenment/.

[21] Robert H. Bork, Slouching towards Gomorrah: Modern Liberalism and American Decline (New York: Harper Collins Publishers, 1996), vii.

化戰爭」，認為這場鬥爭對於美國未來將成為怎樣的國家，其重要性如同冷戰本身。他強調：1992年的選舉不僅僅是兩黨之間的鬥爭，更是關於「我們是誰」、「我們相信什麼」，以及「以猶太-基督教價值觀和信仰所建立的國家是否能夠繼續生存下去」的選擇時刻[22]。由右派支持的共和黨所領導的反撲，為之後30年的文化戰爭定調。左右派之爭不僅僅是政黨之爭，更是價值之爭、信仰之爭、真理之爭、歷史解讀之爭以及國家未來方向之爭。左派認為右派只關注過去，而左派則展望未來：一個自由、公平、包容、平等的烏托邦。右派則認為這是一個虛假的將來，一個騙局，因為左派真正要做的是顛覆我們立國的根基，否定我們的信仰，把我們的國家和人民帶入墮落敗壞的地獄。

---

22 Hartman, "A War for the Soul of America," p.1.

伍、文化戰爭最激烈的場地

　　左派思想家（特別是法蘭克福學派）提出，左派需逐步滲透並影響關鍵社會機構（如教育、媒體和政府），以實現長期文化和政治變革。這一策略受毛澤東「長征」的啟發，象徵著持續的革命鬥爭。自60年代起，許多渴望改革的大學生畢業後進入教育、娛樂和新聞等領域，逐漸影響這些領域的運作和思維。改革者利用權力槓桿，不必立即掌控整個機構，而是尋找可以操控的關鍵點。這些散布在社會各層的公營和私營機構就成為文化戰的主要戰場[23]。

---

[23] Bobby Harrington, "The Long March through the Institutions of Society," *RENEW.org*, accessed on August 14, 2024, https://renew.org/the-long-march-through-the-institutions-of-society/.

一、文化界的戰場

　　媒體是文化戰爭的核心領域，掌握媒體就能影響和引導大眾意見，獲得支持。主要媒體（如網絡電視、主要報紙和雜誌）長期以來被認為偏向左派，尤其在60年代和70年代，對民權運動和越戰抗議的報導多支持自由派立場。相比之下，根據聯邦通信委員會的公平性原則（1949-1987），電台廣播要求公平呈現不同觀點，提供了保守派意見的空間[24]，如《火線對話》[25] 的報道和評論就比較持平。因此，保守派若要反攻，需在主流媒體之外尋找反擊基地，電台廣播成為其關鍵工具。

---

[24] 1987年公平性原則的廢除可在此美國國會網站找到。https://www.congress.gov/bill/100th-congress/senate-bill/742#:~:text=Introduced%20in%20Senate%20(03%2F12,reasonably%20balances%20first%20amendment%20rights.

[25] 詳細的廣播資料可以在American Archive of Public Broadcasting 網站中找到, https://americanarchive.org/special_collections/firing-line.

1. 保守派的反擊

在80年代，保守派的反攻與電台廣播節目息息相
關。1987年公平性原則的廢除，使各電台可專注
於保守或自由的節目，促成了保守派談話電台的
興起。林博（Rush Limbaugh）創辦的《拉什·
林博秀》[26] 迅速成為保守意見的重要平台，他利
用幽默和清晰的論點，使複雜的政治問題易於理
解，並成功塑造了保守派話語。林博的節目不僅
建立了忠實的聽眾社群，也動員了政治行動，並
在塑造共和黨議題方面扮演了關鍵角色。他的成
功激勵了更多保守派媒體名人，並促進了保守派
媒體生態系統的發展[27]。

---

[26] 林博網站具備所有的電臺節目的歷史資料。https://www.rushlimbaugh.com/

[27] Mike Bebernes, "How Rush Limbaugh changed American politics," *Yahoo News 360*, February 20 2021, https://www.yahoo.com/news/how-rush-limbaugh-changed-american-politics-145614078.html#:~:text=By%20speaking%20about%20issues%20they,for%20the%20better%2C%20they%20argue.

福斯新聞的推出（1996年）對媒體格局產生了
重大影響。它為保守派提供了主流媒體中「自
由偏見」的替代方案，使保守觀點在公共領域
中得到更廣泛的展現。雖然福斯新聞的標語
是「公平和平衡」，但其時事評論節目仍然受
到保守偏見的影響。然而，福斯新聞的存在使
右派的論說在搜尋演算法中得以提升，使他
在保守派世界中擁有重要影響力。隨著網際
網路和數位媒體的興起，保守派媒體生態系
統進一步多樣化。一些福斯評論員，如卡爾
森（Tucker Carlson）、貝克（Glenn Beck）
和凱利（Megan Kelly），甚至在離開福斯後
成功開設了高收視率的播客。

2. 嘲諷節目的興起

在混亂的媒體爭戰中，斯圖爾特（Jon Stewart）主持的《每日秀》成為了一個成功的中間派例子。自1990年起，該節目通過將新聞與尖銳的喜劇結合，重新定義了政治諷刺，使複雜問題變得易於理解[28]。《每日秀》不僅成為政治批評的重要來源，尤其受到年輕觀眾的喜愛，還批評右派和福斯新聞，同時揭露主流媒體的偏見和煽情主義。

另一個成功的中間例子是《南方公園》，自1992年由帕克和斯通（Parker and Stone）創作的短片起，這個節目無情地批評政治正確性，以「機會均等的冒犯者」而聞名，不論任何群體或意識形態都可能成為笑柄。雖然該節目批評了右派，但同樣也嘲笑了左派，使其在流行電視節目中獨樹一幟[29]。儘管奧弗頓窗口的變化使得類似節目可

---

28 部分節目內容可以看《每日秀》的網站https://www.cc.com/fan-hub/the-daily-show.

29 Jacob Bacharach, "Watching *South Park* at the End of the World," *TNR Culture,* April 3, 2020, https://newrepublic.com/article/157066/watching-south-park-end-world.

能無法獲得批准，《南方公園》因其「祖父保
留條款」而免於被裁撤。該節目的迷因[30]，如
"Put a chick in it. Make her lame and gay!"曾影
響政治對話，甚至改變了人們對迪士尼電影的
看法，並對其股價造成了影響[31]。

---

30 迷因（Memes）是一種通常帶有幽默性的內容，迅速在網
絡上傳播，傳達一個想法、趨勢或文化參考。迷因通常以
帶有幽默文字說明的圖片或動圖（gif）形式呈現。由於迷
因能夠將複雜的問題簡化為簡單且易於分享的內容，並迅
速在社交媒體上擴散，它們已成為文化戰爭中的一個強大
工具。

31 James Hibberd, "'South Park' Mocks Kathleen Kennedy,
Disney Diversity Efforts; Gina Carano Reacts," *The Hollywood
Reporter*, October 30, 2023, https://www.hollywoodreporter.
com/tv/tv-news/south-park-disney-kathleen-kennedy-gina-
carano-1235632407/.

3. 娛樂事業成為文化戰的重災區

娛樂業受左派影響最深，左派提倡娛樂作品應反映「今天的世界」，尤其是在好萊塢進步主義和覺醒思想的影響下，導致製作公司為了達到環境、社會和治理（ESG）評分標準和吸引投資者而改變原始內容，這包括修改角色的種族、性別或性取向。這種變化被批評為「意識形態化過度」，可能掩沒了故事質量，並且有時會令觀眾反感，從而影響票房和收視率。娛樂公司希望藉此吸引多樣化觀眾，但有時新主題反而不切實際，令觀眾困惑。

這些變化也引發了粉絲的強烈反彈，特別是在像《魔戒》這樣的老品牌中。粉絲群認為這些變動背離了品牌的原始本質，並且對新作品發動抵制。例如，《魔戒：力量之戒》因為粉絲的反對而失敗[32]。粉絲群體往往創造新的平台

32　Gillian Telling, "The Rings of Power Controversy: Why Some Viewers Are Upset About Race and Gender in This Fantasy Series," *Reader's Digest*, January 30, 2024, https://www.rd.com/article/rings-of-power-controversy/?__cf_chl_tk=9x5CPOgc.lDQEqb7K9WeXplTyXN1Brmxsx iLUhhHgdU-1723476931-0.0.1.1-4095.

來對抗左派的影響，如獨立漫畫產業和替代媒體。迪士尼在選擇左派進步立場後，面臨了顯著的業務損失，包括樂園入園人數下降和影視業績不佳等[33]。

---

[33] Caroline Reid, "The Real Reason for Disney's $11 Billion Streaming Losses," *Forbes,* April 7, 2024, https://www.forbes.com/sites/carolinereid/2024/04/07/the-real-reason-for-disneys-11-billion-streaming-losses/.

二、教育界的戰場

　　教育系統也成為左右派爭奪的重點。早在60年代，左派就有意識地影響美國教育，並且教師往往傾向於左派。教師工會，作為左派的重要支柱，利用收取的會費資助民主黨政客，因而在民主黨政治中扮演了關鍵角色[34]。右派則批評教師工會的激進主義，並將其描繪為反學生或反教育的威脅，而左派則反過來指責右派的反對為阻礙教育改革。

1. 教育內容的爭議

　　自60年代起，左派在教育界的影響日益擴大，首先引入了綜合性性教育，與保守派家長的禁欲觀念發生衝突。隨著時間推移，這一趨勢擴展到進化論教學、社會正義、多元文化主義及非美化的美國歷史教學。在當前，教育焦點也轉向包容性和身份認同問題，包括代名詞的使用和性別身份選擇。批判種族理論也引發了激烈爭議，左派認為美國本質上存

---

[34] Russ Latino, "Teachers' unions exploit members to push far left agenda," *Magnolia Tribune*, June 10, 2024, https://magnoliatribune.com/2024/06/10/teachers-unions-exploit-members-to-push-far-left-agenda/.

在系統性缺陷，需進行徹底改革，而右派則批評這一觀點忽略了美國的積極面，過於集中於其缺陷。

教育機構將進步思想和社會正義原則融入公立學校課程中，推動受害者意識、系統性種族主義、性別理論和多樣性教育，但這引發了批評。批評者擔心，這可能推動特定的政治議題，加劇社會分裂；並且學校在教授核心學科（如數學）方面變得薄弱，讓學生成績下滑；再者學校使用的教科書（如霍華德・津恩的《美國人民的歷史》）被指控持有偏頗觀點。這種情況顯示出左派在教育領域中的影響力，與50年代公立學校鼓勵學生宣誓效忠美國憲法的做法形成鮮明對比。在覺醒思維之下，學生對建國先賢的觀感和態度都明顯地改變了，從原本的尊敬變為質疑或鄙視。近年來，美國國父和先賢是奴隸之主變成歷史學研究的重點[35]。

---

35 Lindsay M. Chervinsky, "The Enslaved Household of President George Washington," *The White House Historical Association,* September 6, 2019, https://www.whitehousehistory.org/the-enslaved-household-of-president-george-washington.

2. 學校選擇權的爭議

因為上述的爭議，送孩子去哪一所學校就變成右派家長的關注點。右派主張家長應有「學校選擇權」，認為納稅人的教育資金應隨學生走。若學生選擇私立學校，家長不應再支付支持公立學校的稅款，而應能將這筆錢用於私立學校學費[36]。左派反對這一觀點，主要因為教師工會的利益，並且擔心資金流失會導致公立學校質量下降。右派批評左派對收入不平等和系統性種族主義的關注不真誠，指責那些反對學校選擇權的富裕政治人物將孩子送到私立學校，而忽視改善糟糕的市區學校[37]。

---

[36] Andrew Prokop, "The conservative push for 'school choice' has had its most successful year ever," *Vox*, September 11, 2023, https://www.vox.com/politics/23689496/school-choice-education-savings-accounts-american-federation-children.

[37] Leslie S. Kaplan and William A. Owings, "Funding School Choice: Implications for American Education," *Journal of Education Finance* 44, no.2 (Fall 2018): 199-217.

在實行學校選擇法的地區，特許學校興起並顯著提高了測試成績。支持者認為，這些學校的成功歸功於能夠獎勵優秀教師和開除問題學生，而反對者認為其優勢源於將問題學生留在公立學校。因需求龐大，部分地區的特許學校採取抽籤制度。當家長的孩子未能中籤，仍需就讀品質較差的公立學校時，常會感到沮喪[38]。

---

[38] Jacob Fischler and Cole Claybourn, "Understanding Charter Schools vs. Public School," *U.S. News,* November 14, 2023, https://www.usnews.com/education/k12/articles/understanding-charter-schools-vs-public-schools.

3. 家庭教育越來越流行

由於對學校教育內容的質疑，在沒有更好的方法下，越來越多的右派家長選擇「家庭教育」，以提供更傳統或保守的教育，避免孩子接觸到可能的偏見。這些家長主要關注性教育問題，並希望能夠掌控孩子接受教育的內容，以維護家庭價值觀。COVID-19大流行更促進了這一趨勢，虛擬教室讓家長能夠更清楚地了解公立教育的不足，進一步凸顯了家庭教育的優勢[39]。

在性教育問題上，右派推出了如佛羅里達州的《家長權利教育法案》，限制在K-3年級討論性取向和性別認同[40]。這引發了激烈的辯論，支持者認為此舉保護了年幼學生，批評者則指責這法案助長了歧視。迪士尼公開反對該法案，導致其

---

39 Sarah Hernholm, "Rise of Homeschooling Is Making A Transformative Impact on Education," *Forbes,* April 30, 2024, https://www.forbes.com/sites/sarahhernholm/2024/04/30/rise-of-homeschooling-and-its-transformative-impact-on-education/.

40 "CS/CS/HB 1557 ─ Parental Rights in Education," *The Florida Senate*, July 1, 2022, https://www.flsenate.gov/Committees/BillSummaries/2022/html/2825.

在保守派家庭中的聲譽受損。與此同時，加州通過了《為支持學術未來與青少年教育工作者法案》（SAFETY法案），禁止學區內工作人員未經學生同意向家長透露學生的性取向或性別認同[41]，與佛羅里達州的政策相對立。此舉促使馬斯克（Elon Musk）宣布將其公司總部從加州遷出[42]。

---

[41] "AB 1955: Support Academic Futures and Educators for Today's Youth Act," *Digital Democracy*, July 15, 2024, https://digitaldemocracy.calmatters.org/bills/ca_202320240ab1955.

[42] "Musk says he will move Space X, X headquarters to Texas over frustration with California Laws," *Reuters*, July 17, 2024, https://www.reuters.com/technology/musk-says-spacex-will-move-headquarters-texas-california-2024-07-16/#:~:text=July%2016%20(Reuters)%20%2D%20Elon,as%20the%20%22last%20straw.%22.

4. 左派在高等教育的影響力

在高等教育領域，左派思想自六十年代的學生運動以來占據了主導地位，尤其是在私立大學中。進步主義和覺醒思維在學術界成為主流，影響了學術研究和招生政策。許多大學人文社會科學領域內，覺醒主題受到高度重視，傳統的學術自由和求真精神逐漸被侵蝕。例如，哈佛的經濟學教授Roland Fryer因為發表與主流觀點不符的研究結果而遭受壓力[43]，顯示出學術界的偏見和自我審查。招生方面，像Ziad Ahmed因為表達了激進的進步主義觀點而被錄取，反映出學術界對多樣性和進步思想的重視[44]。

---

[43] 完整的訪問可在YouTube頻道上觀看。*Black Professor Accidentally PROVES "Anti-White" Double Standard* (8 August 2024), https://www.youtube.com/watch?v=6Jf48nclVzk.

[44] Gillian Brassil, "Admit's outside-the-box essay says #BlackLivesMatter – 100 times," *The Stanford Daily*, April 5, 2017, https://stanforddaily.com/2017/04/05/admits-outside-the-box-essay-says-blacklivesmatter-100-times/#:~:text=In%20response%20to%20the%20%E2%80%9CWhat,words%20100%20times%3A%20%23BlackLivesMatter.

與此同時，「檢查你的特權」成為校園內的
流行語，表面上鼓勵學生承認自身的優勢，
實際上卻要求特定群體如白人學生保持沉
默，並要傾聽少數族類的聲音[45]。這種做法
在實踐中常常優先考慮性別和種族，並造成
了進步派和保守派學生之間的深刻分歧。長
期的進步教育使得許多白人學生感受到需要
通過支持受害者群體來顯示自己的美德，雖
然這在某種程度上促進了種族間的融和，但
同時也加劇了左右派的對立[46]。

---

[45] Hadley Freeman, "Check your privilege! Whatever that means," *The Guardian*, June 5, 2013, https://www.theguardian.com/society/2013/jun/05/check-your-privilege-means.

[46] Jessica Schrader, "The Problem With 'Check Your Privilege,'" *Psychology Today*, August 21, 2019, https://www.psychologytoday.com/intl/blog/values-matter/201908/the-problem-with-check-your-privilege.

三、企業界的戰場

　　企業家馬斯克對進步主義和覺醒思維的反對突顯了企業在文化戰爭中的重要性。美國的企業精神強調創新，而裙帶資本主義則會導致偏袒和腐敗。右派擔心政府支持的「大到不能倒」公司會削弱市場競爭和企業的創新能力。文化戰爭中，企業經常被逼屈從於社會或政治壓力，調整內部政策以符合這些需求，這被稱為「企業讓步」。這種調整可以改善職場環境和提升少數族裔的就業機會，但也可能導致經營困難和虧損，產生「覺醒化就會破產了」的說法。不但如此，這種文化戰爭的壓力還可能對員工造成不良影響，如工作表現下降和辦公室關係緊張等[47]。

---

[47] Jonathan Haidt and Greg Lukianoff, "How to Keep Your Corporation Out of the Culture War," *Persuasion*, December 3, 2021, https://www.persuasion.community/p/haidt-and-lukianoff-how-to-end-corporate.

文化戰爭如何影響私營企業的運作和利潤？

　　進步主義和覺醒思維對企業的影響主要體現在三個方面。首先是人才招聘問題，多樣性招聘有時會引發不公和意外後果，可能導致招聘被認為是基於種族或性別而非能力。這也促使一些公司避免招聘潛在的法律訴訟者，甚至完全取消學位要求，轉而依靠技能和能力評估。

　　其次，ESG評分影響了企業的評價和透明度，但評分標準不一致且易於操縱[48]。例如，儘管迪士尼的覺醒化策略導致虧損，黑石集團的資金卻彌補了損失，顯示出ESG的外部壓力。大企業因此設立了多樣性、公平性和包容性（DEI）部門，希望提高ESG評分，這些部門提供高薪職位，但也可能也會引發辦公室關係的緊張和分裂。

48　Emily Greenfield, "Tesla ESG: Why is Elon Musk against ESG?" *SIGMAEARTH*, September 14, 2023, https://sigmaearth.com/tesla-esg-why-is-elon-musk-against-esg-/#google_vignette.

　　最後，來自右派的抵制，如針對百威啤酒的抗議等，顯示出文化戰爭對企業銷售的潛在影響[49]。儘管抵制有時能對特定品牌造成損失，但對整體市場和母公司影響有限。企業和投資者必須謹慎處理文化戰爭中的挑戰，以避免踩雷。

---

[49] "Bud Light boycott over trans influencer Dylan Mulvaney hits beer giant's sales," *BBC*, August 4, 2023, https://www.bbc.com/news/business-66398296.

四、政府機構和司法界的戰場

　　政府部門，包括官僚機構、司法部和社會機構，是文化戰爭的關鍵戰場。當政府機構如FBI、IRS或司法部被指控以政治偏見行事，用來對付政敵或推進特定議題時，這被稱為「政府機構的武器化」。這包括對政治人物的調查、對不同團體的審查，以及處理機密文件的方式。這些行為被指受黨派動機影響。在2016年選舉期間，官僚機構甚至被指控監控總統候選人川普（Donald Trump），並且在他成為總統後，FISA監視仍在繼續[50]。

　　執政黨要推行新政，需要政府人員的支持。如果官僚配合，政策實施會順利，但如果不願意配合，施政就會遇到困難。一種名為「拖延」的策略被官僚或政府官員使用，故意延遲或阻礙政

---

[50] Andrew C. McCarthy, "Was the Steele Dossier Used to Obtain a FISA Warrant Against Trump's Campaign," *National Review*, December 16, 2017, https://www.nationalreview.com/2017/12/steele-dossier-source-fisa-warrant-against-trump-campaign/.

策或指令的實施，包括拖延行政程序、扣留信息或利用程序性延遲來減緩變更等。這些策略可以在不直接對抗的情況下削弱政府目標。川普在位期間，曾抱怨「深層政府」阻礙他施政，許多官員、前官員及其他反對者在秘密反對和削弱其政策，包括泄露消息和公開批評[51]。這顯示出，即使右派重新執政，左派在官僚系統中的影響力仍然強大。

　　司法系統本應獨立公平，但也漸漸地成為政治工具，除了大法官的任命常受文化戰的波及之外，現在聯邦和地方法院都淪為爭鬥的場地，呈現「雙重司法系統」的現象（即根據政治派別施行不同的法律標準）。例如，加蘭（Merrick Garland）和霍爾德（Eric Holder）被控藐視國會但未受起訴，而班農（Steve Bannon）和

51　Jon D. Michaels, "Trump and the 'Deep State' The Government Strikes Back," *Foreign Affairs* 96, no. 5 (2017): 52–56, http://www.jstor.org/stable/44821868.

納瓦羅（Peter Navarro）則面臨監禁。希拉里（Hillary Clinton）和拜登（Joe Biden）也處理機密訊息不當，但只有川普受到檢控。這種現象加劇了右派對司法不公的不滿情緒。事實上，在文化戰爭下，發動攻擊摧毀一個人的方法，就是要在人格上謀殺他，那麼人格謀殺最好的方法就是透過司法判決。

陸、結語

　　美國的文化戰爭反映了這個國家深刻的內部分歧與挑戰。戰場當然也不只這幾個。文化戰爭的兩大陣營各自推動了不同的社會改革和政治議題，對美國的價值觀、經濟政策和政府角色提出了相互對立的觀點。左派主張的社會改革，如同性婚姻和跨性別權益等，運用了棘輪理論，確保了改革的持續性和難以逆轉的特性。而右派則試圖通過滑動擺理論的策略，平衡政治局面，保護傳統價值觀和道德信仰。這種「贏者全拿」的對抗模式使得美國政治與社會的分裂加劇，導致政策的反覆與滯後。左派挑戰傳統的美國價值，試圖破壞美國原有的文化和道德基礎，令右派不得不起來捍衛傳統和信仰。

　　縱觀過去半世紀的爭鬥，左派在策略、手段和武器應用上，都比右派優勝，右派節節敗退。左派在文化界享有主導地位，在教育界也是非常有影響力，「深層政府」或許也受其支配，就連企業都會受到文化戰的波及。當然，這並不代表右派會不戰而降。這場跨世紀的文化戰爭將會越演越烈。華人不應在這場

戰爭中做糯米（Normies）（即是對文化戰爭漠不
關心的人），乃是要提高自己敏感度，因為不管走
進哪個行業，都會發現自己置身在戰場上或火海
中，被一些似是而非的亂箭所波及，或直接成為箭
靶、身陷雷陣中。

　　在這場文化戰爭的背後不單是個人或企業的得
失而已，也不只是美國能否再偉大那麼的簡單。它
正向我們呈現出人與人、族與族、國與國之間的文
化和價值觀的團結或對立的可能性，更大的聯盟和
爭鬥將要在國際舞臺上上演[52]。2024年的巴黎奧運
會的開幕禮和閉幕禮中所出現的有關跨性別表演、
褻瀆基督教的場景、末日灰馬的出現和類似撒但降
臨等的爭議就是最好的例子。國際間的文化戰爭在
世人都還是糯米時，就已經悄然地開打了！在美國
上演的文化戰爭只是前奏而已。

---

[52]　Samuel P. Huntington, *The Clash of Civilizations and the Remaking of World Order* (New York: Simon & Schuster, 1996 & 2011).

幻滅的美國夢：美國能再偉大? /
邱師儀, 希家玹, 陳奕帆, 黃奎博, 廖達琪, 顧正禧作. --
　第一版. -- 新北市：商鼎數位出版有限公司,
　2024.10

　　面；　公分

ISBN 978-986-144-294-5(平裝)

1.CST: 美國政府 2.CST: 民主政治 3.CST: 文集

574.5207　　　　　　　　　　　　113014550

幻滅的美國夢
美國能再偉大？

總 編 輯　方東青
作　　者　邱師儀、希家玹、陳奕帆、黃奎博、廖達琪、顧正禧

發 行 人　王秋鴻
出 版 者　商鼎數位出版有限公司
　　　　　地址：235 新北市中和區中山路三段136巷10弄17號
　　　　　電話：(02)2228-9070　傳真：(02)2228-9076
　　　　　網路客服信箱：scbkservice@gmail.com

編 輯 經 理　甯開遠
執 行 編 輯　廖信凱
獨立出版總監　黃麗珍
編 排 設 計　翁以健

商鼎官網

來出書吧！

2024年10月25日出版　第一版／第一刷